「這是我們難以定義的年代。但，往往我們被這年代所定義。」

幕後有無劇本

一位資深媒體人的跨領域實戰心法

陳宏明●著

目次

幕後奇葩劇本

第一章　「我，如何是我的我?!」

國民女神 VS「本我、自我、超我」理論／
弗洛伊德（Sigmund Freud）

每個人都有自己的「本我」、「自我」、「超我」。

是「無有」了自己，還是「有無」呢？

好的問題，答案總是呼之欲出！

她問：「我到底是誰的我？」

我是觀眾還是主角？

「魔鬼藏在細節裡，細節決定成敗」。

「觀眾」、「演員」、「導演」，會形成彼此

換位的角色變化；又需再抽離回到各自立場，

這樣的組成架構是為「共構結構」。

話說戲如人生，人生不一定如戲。

鎂光燈此起彼落，閃芒綻放，猶如繁星在她身畔跳躍，同時，反射在所有目光與讚嘆之中。唇邊緩緩漾起，一抹黃金比例微笑是無暇完美的弧線，如詩般優雅雕琢。婀娜風采閃閃動人，一顰一笑，莊重得體且翩翩自若，若想一手掌握這份餘韻，伸手欲攫；卻又於指縫間流瀉而出，直讓人有抓不住的醺然欲醉。

她總是對答如流，回應充滿智慧，恰如其分的情商與圓融，直率可人、清新暖陽，自然不做作、親切怡人，似乎已然成為夢寐中美麗、智慧兼具的女神化身，她是媒體寵兒，「國民女神」！

娛樂新聞甚囂塵上，廣告業主替換了已代言多年，而且是戲劇界的某大姊大。影藝娛樂圈新聞眾說紛紜，話題議論也此起彼落，所以，這次拍攝過程是絕對機密。尤其記得當時，身為導演，拍攝完畢後必須親自抱著拍攝毛片，走出深鎖隱密攝影棚，低調且尷尬地躲給娛樂線記者追。當時，我似乎也忘了我是誰。

廣告影片攝製，導演最主要工作，是將聲音和影像作最佳化呈現。籌拍準備工作，必須和製片、攝影、美術、燈光、造型……包含演員，做緊密而完整溝通，並共同確認，符合腳本精神的所有細節。

進棚，準備開拍。和演員在化妝間，確認造型服裝及梳化妝，同時間也和演員互動聊聊，探視心情；感受演員情緒氛圍，讓今天拍片順利。

「Hi女神，昨天通告到幾點？睡得好嗎？」希望今天她精神飽滿，不是疲憊趕通告。

「Hi哈囉！導演，當然要睡飽飽才敢來呀！」看她精神還不錯，而且活潑滿滿元氣。不過即將開拍時，我心裡一直無法放下的忐忑漸漸放大，從昨夜到現在，心還是有所糾結，幾乎整夜難眠……這是一件重要且頗有難度的事情。我說：「今天要現場收音。」她一聽，眉宇間皺了一下，回應了尷尬玩味表情。

是的，沒錯，似乎這忐忑與糾結在意料中，拋出了難以抹滅的弦外之音，就是——「娃娃音」。

當初她入行節目主持時，就是因為娃娃音，而格外引人側聽，可當是主持界一絕，收視率爆高且家喻戶曉，從此註定了她在大家心目中「娃娃音美人」。而這樣絕妙聲線，加上絕對氣質美貌，再透過媒體傳播，幾乎紅遍了街頭巷尾。此一特色「聲勢」奪人，且「聲名」遠播，奠定了她在觀眾心目中娃娃音的演藝生涯，卻也註定了娃娃音難以抹滅的既定印象。

這次合作的廣告影片概念溫馨且具專業說服力，公益贊助性質，是居家輕柔優雅女性典範角色，卻又必須以專業立場，對廣大女性呼籲為訴求。我們定調，是希望親和、貼心有說服力。不可突兀唐突，否則將偏頗、隱晦產生反效果。所以必須要克服的，就是「娃娃音」。這可能是一項難度頗高的嘗試和改變。

此時，製片告知棚內現場準備妥當，準備開拍。一開始

「Action!」她總是立即進入專業狀態，肢體到位與情緒收放，態度認真且專業表現，的的確確都恰如其分，符合演出。

但是，果不其然，擔心的事情來了……試了不下十數次，每當喊「Action!」之後，同步收音耳機內迎來的，還是難以抹滅的娃娃音，像是放大般聚焦在耳機裡，所以更令人刺耳。難解，女神應該也感受到這般無奈……

讓棚內拍攝工作停下來，請女神先稍作休息。我低頭慢慢走出攝影棚外，糾結納悶。在有限的工作時間裡，一時無解，不知怎麼辦才好。

就在搔頭摸耳之際，不經意轉頭望向女神，有了發現。當她和較熟識的助理及友人聊天哈啦時，很輕鬆自在，喜歡和人親切擁抱，沒有巨星架子，而且坦率地在棚內光著腳丫跑來跑去，都讓現場緊迫的氣氛輕柔了起來；可愛、活潑自在、平易近人。此刻為休息時間，發現鏡頭外，女神和助理及友人對話，她的聲線不一樣，音調並非在鏡頭前拍攝時，耳機所傳來的娃娃音！這忽然像鄰家妹妹有收放起伏、自然且俐落的聲線語調，沒有嗲聲娃娃音。

但是，為何喊了「Action!」後，攝影鏡頭前的她就是不一樣？在鏡頭外的女神落差竟會如此大，究竟為何？這些疑問對於我來說充滿神祕，讓我有股想要找到答案的衝動。

思索中我有所驚覺。或許你也有同樣疑惑：「哪個才是真正的她呢？她自己是否知道這樣的自己？她自己認為的她到底在哪裡呢？抑或是她是自己的她？還是他人的她呢？」

當下有所「轉念」，靈機一動，便有了轉機，決定以另外一種拍攝形式。快步走回攝影棚，走到女神身旁說：「來吧！我們來找自己！」

女神一聽，支吾其詞、欲言又止：

「我……我……我……」

「本『我』、自『我』、超『我』」理論，是著名心理學大師、精神分析學家弗洛伊德（Sigmund Freud, 1856-1939）的基礎理論，其研究論述影響爾後的心理學發展，被世人譽為「心理精神分析之父」。對於哲學、美學、社會學、文學等都有所深刻著墨，在晚年作品中，他論述「人格」取向，是從人們內部心理意識機制出發，而這內部心理意識機制，決定自己在感官情境中行為的特徵和模式，此等完整的人格結構分為三部分：

一、本我（Id）：是人格結構中初始源頭部分，以本性向外滿足自身需求，依循獲得基本慾望滿足為基礎原則。代表自己各種慾望和各種衝動，是無意識反射，較傾向原始心理因素需求，是直覺性滿足原則和與生俱來的本性。

二、自我（Ego）：是在現實環境，由本我分化效應產生，學習如何在生活環境，社會化現實獲得滿足，感受外界現實影響的理性，於後天學習和環境接觸，透過外界期待回饋，延續而起的現實原則。是本我與超我矛盾達成的妥協，自我介於本我與超我之間，對本我衝動與超我制約，具有緩衝與調節功能。

三、超我（Superego）：是人格結構中居於制約地位最高部分，是由於個體在生活中接受文化傳統、價值觀念、社會理想而逐漸形成。行為符合要求較高理想標準，並符合社會道德高尚理想原則。

「本我」是潛意識最原始直接反應，非理性的心理結構，是天生也是形成人格的基礎。對於本我來說，沒有時間、地點和條件概念，無需邏輯並且不受道德倫理約束，只求滿足需要。本我，是完全個人化、利己，完全不理會他人而我行我素，撇開理想道德的滿足，是初始源頭的慾望和衝動。

「自我」是適應社會現實，與生活周遭人事物息息相關；

且互相影響，是可被期待的心理意識，是本我與客觀世界的調和形式。能夠明辨是非，顧及周遭環境因素，符合社會規範，約束本我的衝動與放縱。

「超我」從自我分化出來，是人格中高尚且泛道德意識，超越自我心理結構，以理想至善原則來規範自我。是最高標準超然素質，超越自我界線達成頂端境界範疇，固然如此，卻與本我之間存在對抗矛盾。

「自我」是適應社會現實，為符合群體期待，但難以撙節界線，也往往無法在自我和超我矛盾中保持平衡。既要面對本我衝動慾求，又要面對自我客觀與外界回饋和期待，還要面對超我高道德制約。若要讓本我、自我、超我三者處於最佳狀態，就必須將自己的「本我」與「超我」，既對立又能統一於

「自我」而達到平衡，這讓「自我」總是難為。

心理意識形態和諧穩定，外顯得體泰然，處於最佳位置與狀態，不偏不倚和諧平衡，是最佳修練指導原則。相反，若「本我」突顯原始慾望過多，其動物性本能過強，將會失去控制與約束。而如果「自我」在本我與超我之間溝通不良，過於社會世故、被任意支配，將容易迷失在眾所紛紜，而隨波逐流，導致無著力點的附和或無根狀態。然而，「超我」脫離本我慾望源頭太遠，與自我產生脫節；超我過高，將導向空泛、虛無且超然過度。

每個人皆有「本我」、「自我」、「超我」。從我們哇哇墜地的嬰孩時期，吃喝拉撒睡為一天主要活動，感官只要不滿足，直接以哭來表現，只為達成本能原始需求，還未學習互動且無須溝通。在遺傳基因DNA漸長驅使，細胞長成慢慢成就根本性格，這是初始本來的「本我」。

到了幼稚園、小學，融入師長與同學共同校區，就開始社會化學習，即不能依然故我，須學會尊重彼此的社會化型態。一直到大學、研究所……一直蛻變、學習，資訊、知識的吸納，同儕團體之間交流互通，從中探索並挖掘，所有可能性已知與未知。將在此階段觸碰和摩擦、得到及失去、理解與疑惑……所有百感交集於此刻混沌交雜，在懵懵懂懂當下，青春年少滋味，羞澀也熱情、抑鬱也歡愉。之後，離開學校進入社會，工作角色利害關係，面對不平等對待、感受多面現實生活，端看你爭我奪的現實，認知了厚黑學的隱晦，取代學生時期的直率。

「自我」在這階段，在社會化中，尋找自己的公平與正義，透過重複建構與崩毀，反反覆覆結痂生繭，漸漸架構自成一格的自我。但是，從四面八方而來的耳語、眼光，透過期待與失望交疊，游走在意識形態邊緣，容易失去圓心而無限擴張，使得空間大到沒有空間，時而切斷、時而補償，患得患失的迷惘。

然後，面臨結婚生子、成家立業，約定成俗嘗試著，更複雜多元的角色，是單一角色也是二重、三重，甚至多重角色集於一身。是夫／妻角色，也同時會是岳父母的女婿／媳婦角色；當你身為父親／母親角色時，也同時會是自己父母的孩子角色；當身為老闆時，也同時會是客戶的夥計角色……種種期待與被期待的認知，在自身周遭不曾停過的灌輸、導入、再輸出，反覆不間斷，迷濛驚覺，自己到底是誰？在多重角色現實觀照，積高堆疊多面向，常常超過負載而身心匱乏。

此時，會試圖找尋一個更高端境地，讓身心可容納之處，獲得寄託和救贖，那境地足以超然解脫，承載所有未知的期待、解決難以理解的所有問題，充滿理想場域的時間和空間，那就是「超我」。

弗洛伊德認為，人有滿足初始源頭「本我」的種種慾望，但現實原則需要高程度配合；為符合社會期待的整體觀感，便賦予期待「自我」，與此同時，亦存在著道德倫理標準，精神更高層次、至善理想的「超我」境界。

本我，是徹底不假思索、唯我獨尊，皆是動物性本能，就是本能地做自己。儘管社會眼光或更高標準審視、法紀制度和倫理道德制約，都皆為所欲為，是底層動物性慾望，肆無忌憚，以生存為本能目的。

自我，其實是在乎。在乎周遭親朋好友同儕們眼光，褒貶、睥睨不一，背袱著被賦予期望的價值。競爭激烈職場及勞資關係、在偏頗相怨的男女關係、在代溝差異的親子關係……架構又分化、組成又拆解，在潛意識裡做自己，卻常常忘了我是誰。

超我，在至善至高頂點，動物性和人性淺淡，有無我的境界。是暴衝野性壓制的衡量，是迷失方向、迷途於來時路的導航，拋離多重複雜角色的牽掛，沉浸在超然「有無」的理想狀態。

如果一個人「本我」與「超我」矛盾，過於激烈難以調和，不能統一於「自我」而形成均衡，那麼內外協調將失衡。三者間層層節制、環環相扣，彼此疏離也彼此依偎。常常，透過自己和他人比較，得以執行人生方向，在找自己的時候，往往同時失去自己。

在尋找與迷失過程當中，我們將原來初始的「我」，和在大社會中當下的「我」、未來想像可能性的「我」，前前後後裡裡外外的「我」時時混雜，而且你儂我儂得難分難解。我們不禁會問：「哪個才是真正的自己？誰才是自己的自己？還是他人期望的自己？自己認為的自己到底在哪裡？自己希望的自己是什麼？自己是否知道這樣的自己呢？」這所有心理、哲學命題，我們思惟了自身處境，而這思惟的根本，來自「懷疑」。

我們透過懷疑找到自己的適當位置。我們懷疑所有真實和虛假，包括自己與自己以外的人、事、物，我們「形而上」思惟去懷疑、判辨、認知找到平衡方向，然後在「形而下」實踐去參與、執行、處置找到平衡方法。

角色複雜如一場場演出，演到最後撇不開，我是觀眾還是主角的疑惑。

因為自己用心與投入，對自己嚴謹與面面俱到的要求，是觀眾還是主角？會呈現角色互換，達成自己的相對期望值。

演藝人員也是藝術家，對於作品演繹的取捨；可以選擇面對觀眾，也可選擇背對觀眾。討喜、討好演出抑或是創造各式形式風格，都將呈現專業共通與共鳴，端看精細功煉成果。話說：「魔鬼藏在細節裡，細節決定成敗。」

我相信，自己意識底層狀態，照鏡子也難以看到。

國民女神總是力求專業完美素質，長期持續之下，累積了符合他人期待與想望。對於掌聲和關注，在吸收與容納中，潛移默化，循序漸進地融入，他人所定義及認知的自己。當然，與此同時，女神在被期待、被賦予、被認同的過程中，也就復刻、成就了她如此的心理狀態。「娃娃音」帶來的迴響始料未及，高收視、粉絲簇擁，也逐漸內化並融入了自我潛意識的意識形態。

當事人也很難察覺。是主角也是觀眾，我是我，我也是觀眾的我，若此，她問：「我到底是誰的我？」或許，本來的我是一名模特兒，在伸展台上展現魅力的「本我」。而當站穩了這個舞台，和粉絲觀眾一起互相期待、成長，一起互相學習、理解，因此不難想像，展現了與眾人認同的「自我」。所以娃娃音是來自於女神？還是來自觀眾、粉絲的期待？女神被賦予期待的形式，不自覺配合了這個刻板印象？又還是在未知覺前提下，透過自己專業取捨，擠壓詮釋所產生的反作用力？當喊「Action!」時，鏡頭前的女神，是觀眾的女神？不是自己的自己？所以，女神的「自我」和觀眾、粉絲之間，互相期待和互相影響息息相關，密不可分且互為關係。

好的問題，答案總是呼之欲出。

當下有所「轉念」，靈機一動，便有了轉機，決定以另外一種拍攝形式。快步走回攝影棚，走到女神身旁說：「來吧！我們來找自己！」

女神一聽，支吾其詞、欲言又止：「我……我……我……?!」

其實，當時我並沒有等她回覆，或等她理解這句話。雖然拍攝時間有限，但此次準備開機開拍前，我讓整個現場氛圍重新調整，把咖啡帶進棚內，和現場所有人邊喝、邊哈啦玩笑了起來，感覺讓現場放鬆，當然，包括女神。讓她感染棚內氛圍是在一個非工作、而且無鏡頭拍攝的地方，就好像一堆朋友聚會聊天，慢慢引導女神自然放鬆、輕鬆自如，和現場人員都如朋友一般互動、對話聊天，希望讓她自身解放、放下可能被賦予的認知與期待。

之後，感覺氣氛可以了，偷偷告知攝影師、造型師 Joy 和所有工作人員，開機時不用讀秒（倒數計時），而且不再喊「Action!」，而是說：「女神，來！妳和 Joy 聊聊……」如此和朋友一般的家常對話。

這樣，順利完成了這次拍攝。

我的認知裡，國民女神是自我要求甚高的藝人，她努力、認真、專業。在追求完美的過程中，背負的壓力總是如此巨大，她專注、執著，便有確切盼望、期望最佳結果。但是，在心理施壓情境，內化與外顯軌跡下，容易產生不規則顛簸與抑制，讓最大的期望值產生反差和落差，適得其反。這樣從內而外轉化過程，使得肢體與情緒，包括聲音表情等等整體表現，容易於自身心靈之間產生罅隙。

在觀眾、粉絲角度，對女神的娃娃音是充滿好奇、期待，欲滿足窺探情節，試圖塑造想像樂趣。而導演，須將聲音和影像作最佳化呈現，負責解決表面和非表面所有問題。演藝人員依據編、導精神，形塑演出，在收放起伏落差與反差裡；斟酌演繹方向，拿捏角色深度，呈現專屬自己的演藝模式，這是工作專業。「觀眾」、「演員」、「導演」，會形成彼此換位的角色變化，又需再抽離回到各自立場，這樣的組成架構是為「共構結構」。

話說戲如人生，人生不一定如戲。我們身處在複雜多重角色中，如何將自己放在對的位置而處之泰然？我們驚鴻一瞥，現實之間繽紛而紊亂、多元而沉重，像是答案深埋，無從解答。只有更多問題，毫無終結且循環不斷，卻一再堆疊往返，人生似乎沉重得無止境。我們試圖在生活型態、社會形式或信仰寄託，探尋人生真正屬於自己的脈絡，總希望在下個路口尋獲可攀扶的著力點，但終究是奢侈妄想，茫然而載浮載沉、患得患失，確切地在多重複雜角色扮演中失去自己。

如果游刃有餘，若想超越自我範疇，即積極提昇更高理想的「超我」。在親情、職場、社會群組關係，在不同歷經階段、社經地位，都將看見不同的「我」。在過程當中，無可厚非，去體察每一個我。到底這時的我，是我的我？還是他人的我？對於自己的意識想像，會往過去追溯、會向未來探索，確認自己的存在意義和價值思索。有時，會發生我不再是過去的我，是他人的我、是經過他人期待的我。若是如此，這樣的我還是我？只是試著反問：「我喜歡這個我嗎？」這是人們在各階段，一路想要找尋認清與突破自己的重要提問。

誠如，我們扮演多重角色，思考了相對角色的所有期待，這樣，在角色探尋與相對思考之間，如何分開來看？我們來來回回修正，從過去的我，和現在的我，到未來的我，我們看著並一直思索著……不懂如何看待自己，到底需用何種視覺角度審視自己？如何專注聚焦釐清自己？如何掏出盲點透析自己？

用「本我」只做自己會目中無人，從「自我」出發也會覆蓋了自己，以「超我」看待是「無有」了自己？還是「有無」呢？你呢？你的我當下在哪裡？此刻，失去了什麼樣的我？又得到了什麼樣的我呢？

我是誰的我？誰是我的我，我是誰的誰。
我，如何是我的我?!

第二章　「有魔彈?!萬能擬真?!無懼?!」

劉德華 VS「魔彈」理論／洛厄里（S. A. Lowey）＆德弗勒（Melvin L. DeFleur）

有「魔彈」?!新媒介平台如虛擬實境，

虛虛實實，真真假假，「萬能擬真?!無懼?!」

星光熠熠，台港影視巨星匯聚。

媒介就像針筒，而訊息內容就是藥劑。

媒介就像槍，而訊息內容就是子彈。

手機，每一分每一秒，都在進行傳播和被傳播。

如果，我們認為劇情片是「重塑真實」，

那何處才是「絕對真實」呢？

星光熠熠，台港影視巨星匯聚，光彩奪目、繽紛輝煌、紅星高照、明星雲集。電視台開播慶賀晚會，如火如荼展開，呈現多個月以來，工作人員焚膏繼晷、日以繼夜，嘔心瀝血地策劃。過程中，電視台每個部門——節目部、製作部、工程部、公關行銷、行政總務……沒有任何部門閒耗，各部門人員都堅守崗位、整備待發，跨部門會議不斷，彙整、測試並確認。所有人員幾乎毛孔豎直，行進間都是以小跑步進行，緊張、緊迫的氛圍，著實讓大夥壓力倍增，在時間迫近中前行，運籌帷幄。

此刻終於到來，全員將極力展現電視台開播；這歷史性一刻，各個感同身受，百感交集，也雀躍不已。總指揮：「各部門準備，倒數計時十秒！」一觸即發的按鈕，即將準備啟動，「……五、四、三、二、一，Action!」。

說時遲，那時快，空中特勤部隊抛出空中繩索從天而降，同時，地面橡膠汽艇奔騰而來，呼嘯中穿越舞台，啟動了陸空分列式。此刻，轟然巨爆，煙火彩花！猛然爆響，萬紫千紅，美不勝收！擬以銳氣千條、驚動萬教之姿，疾呼宣告：「我們開播了！」幾乎是撼天動地！接著，台港影視天王等級排場，紛騰演出、載歌載舞、傾囊而出、熱鬧非凡！展現無與倫比爆發力和絕無僅有之氣勢！

在千呼萬喚的掌聲歡呼中，電視台所有工作人員共襄盛舉、於有榮焉。就在晚會製播結束後，各個部門人員正準備收拾心情，將各製播裝備整收，心裡還興高采烈回味當時情境，餘韻猶存，雖然漸漸消化，但寧願讓它在心底醞釀，發酵一段各自芬芳。這樣，感受著各自感受……

突然間，晴天霹靂！猛然驚爆，出大事了！

在有線衛星電視頻道陸續開播時期，集團業者紛紛投入大眾傳播媒介，有幸參與執行電視台籌備開播，過程篳路藍縷。新頻道電視台開播，所有資源必須傾囊而出，實屬劃時代見證。這次，影視巨星標配規格，可想是絕無僅有了。

昨天才錄完張學友、黎明、郭富城、譚詠麟等等，開播祝賀詞、恭喜開播，應景賀喜，眾星雲集。當時，在策劃執行、拍攝製作中，有承先啟後的優越感。

今天拍攝巨星是劉德華。因為通告時間確認關係，開播晚會活動進行錄製同時雖分身乏術，亦持續將巨星開播祝賀詞、應景賀喜採訪，須順利、符合期望地完成。

開始，助理編導進行貼身訪問，殊不知，助理編導 Sandy 的超級偶像就是劉德華，竟然手持麥牌麥克風一直發抖。因為在超級偶像面前她不能自持，顫抖不停，似乎被莫名附體。她誇張說：「劉德華是我們所有閨蜜的老公，而且自認為老婆的人，有成千上萬！」我以為或許只是自戀愛的感覺，但竟然比痴戀更加瘋狂。由於助理編導 Sandy 太過於「入戲」、難以自拔，只好讓她退下，而我立即換人處麥（處置麥克風），幸而後續都還順利。

然而，就在此刻，應景道具一直出狀況。「魔彈」——希望它適時打開，讓繽紛碎花彩帶從高而降，熱鬧應景；拱手作揖，恭賀完成。但是今天一直卡住，在應該開啟的時刻，卻總是開啟不了。大夥陸續調整，一直NG重來，而拍攝時間有限，不能耽擱。這時，還無法完成最後拍攝鏡頭畫面之下，已沒有耐心的我，狠摔手上腳本，怒斥：「搞什麼?!怎會這樣?!快點把它搞好來啊！」時間緊迫、壓力過大，總沒好脾氣。說也奇怪，昨天尚且完好，今天是怎麼了?突覺有股不祥之兆。

此時，劉德華走過來，「導演，沒事兒，我們可以一起試試解決處理，我來看看那個開關……」他請道具慢慢降下魔彈，仔細端詳。這樣高配合度，無巨星架子，感染了所有現場人員，都立即快步起身，一起處理狀況。

劉德華一邊動手調整，嘴裡一邊呢喃，似乎使出魔咒般，他口中唸唸有詞，彷彿聽見他嘀咕著：

魔彈呀！**魔彈**！你乖乖……聽話，**魔彈**呀！**魔彈**……

「魔彈」理論（Magic Bullet Theory），洛厄里（S. A. Lowery）和德弗勒（Melvin L. DeFleur, 1923-2017）為其代表人物；此外，卡斯（James E. Katz）的皮下注射論（Hypodermic needle model）、宣偉伯（Wilbur Schramm, 1907-1987）和羅伯斯（Donald F. Roberts, 1939-）的子彈論（Bullets Theory），均屬相近觀點。當時，報業記者們為了鼓吹報刊強大傳播效果，也紛紛提出並認同「魔彈」的魅力和影響力。魔彈理論研究認為，傳播媒介擁有不可抵抗的強大力量，它們所傳遞之信息內容，在閱聽眾身上就像魔幻子彈擊中軀體，如藥劑注入皮下組織一樣，可以引起直接速效反應，能夠左右人們態度行為和意見，甚至直接支配選取面向和立場。

當時，魔彈論相信社會群體是一群烏合之眾，群體心理都頗有不安定感，其心智也彼此疏離，內心徬徨焦慮、迷信權威，易受到大眾媒介傳播影響。這是有關論述媒介萬能，且具有強大效能的觀點。媒介像針筒，而訊息內容就是藥劑，當藥劑注入閱聽眾皮膚下、身體裡，效果就會立見。媒介像槍，而訊息內容就是子彈，射向烏合閱聽眾、疏離個體，射中的個體會立刻應聲而倒。是指媒介傳播強大到令人驚駭，閱聽眾處於被動位置，毫無反抗能力，傳播的訊息內容，閱聽眾都將照單全收。

在這個階段，大眾傳播媒介初期萌芽，開啟了前所未有的發展，普及並滲透到人們日常生活。媒介訊息內容受主事者意志，以強大力量形成輿論和信念，引導人們生活面向和態度行為。媒介是萬能的，可以隨心所欲地影響閱聽眾，從而產生巨大的傳播效果。

閱聽眾接受媒介所灌輸的感情情境、思想觀念、資訊知識，只有被動地接受訊息內容刺激，大眾媒介有不可抗拒的巨大力量，傳播效果直接而明確。因此，主其事者易於利用媒介來操控閱聽眾。除此之外，當時，行銷廣告宣傳與推廣，也都驗證了媒介萬能的效益與觀點。閱聽眾易傾向於相信大眾媒介廣宣訊息和內容，對於傳播行銷效果具有強大說服力量。同時期，盛行的本能心理學和社會學理論，也從另一個角度支持了媒介萬能論的說法，在當時社會環境下，很快成為主流的傳播論述。

萬聖節前夕，美國廣播電台根據科幻小說《世界大戰》（*The War of the Worlds*, 1898）改編之廣播劇播出時，節目交代了故事背景情節後，突然插播一段緊急新聞，廣播員道：「請注意！請注意！隕石發光物墜落！火星人侵襲地球！」報導緊張、急促，使得聽眾驚慌失措，人人紛紛逃難，落荒而逃；有躲進地下室、有逃到教堂集體禱告……

後來，節目結束前，廣播員自爆真相：「各位聽眾，火星人沒來！一切都是虛構！」惶恐，這只是用新聞報導方式講故事，因為創意而創意！據說，當時有幾百萬收聽節目的地球人信以為真，都紛紛逃離家園，觸發恐怖、混亂情勢。其中至少有百萬人受到驚嚇，產生焦慮恐慌行為，久久不能自已。這就是當時稱為「火星人入侵」的經典個案。

事後，研究學者進行調查發現，當年，大眾傳媒才初期普及發展，由於廣播是當時人們接受可靠訊息主要管道，原本資訊疏離的人群，人們並沒有太多質疑，直接接受且相信；大眾傳媒的訊息內容刺激，產生極大化效果反應。當時，這個事件強化了當時傳播學者對於媒介效果萬能的解讀，認為媒介進行傳播或宣傳，閱聽眾因社會環境及自身心理因素影響，容易信以為真而受支配。在大眾傳播媒體初步顯現傳播態勢，於工業化社會剛萌芽成熟社會背景，因傳統社會人際紐帶結構鬆散，人們易成為孤立個體，缺乏人際間資訊與獲取知識的管道，勢將大眾傳媒訊息內容全盤接收、被動反應，閱聽眾將隨大眾傳媒魔笛起舞。因此，也開啟了媒介傳播影響研究新方向。

如今傳播科技迭代，人們獲得資訊新媒介平台增加，通訊發達讓溝通更容易，各種各樣社群互相交換著意見，人們並非烏合之眾，孤立無援、單獨個體，彼此群組化連結與接觸，相互來往溝通訊息。還有，關鍵意見領袖們主導著不同的議題和訊息內容，而訊息內容也經過層層過濾、整理與緩衝，因此大眾傳播的效能驅使，對於個人影響已屬間接。

之後，「兩級」傳播理論（Two-step flow of communication）對「魔彈」進行了修正：「大眾傳媒同時影響著關鍵意見領袖與一般群體受眾，而層層人際關係的組合架構，似乎更能改變閱聽者態度行為。」現在，從眾多網路紅人、YouTuber、專家達人、名人名嘴、臉書粉絲團、部落客的成功經營，社交平台產業蓬勃發展，更可見「人際傳播」之巨大影響力。於此，關於行銷廣告宣傳與推廣，其廣告效果也務必在新媒介平台速爆年代裡，重新找到檢視與測量尺度。

隨著科技與傳媒宣傳日新月異，「魔彈」有提醒與警示作用，現代新媒介平台勢態洶湧而至，無所不在，或許未如以

往，但是，它並非絕對不存在。是否並未消失？是否持續如魔幻子彈般，突破射擊你和我，無所不用其極？是否還一直繼續打針注射，劑量無限而藥效更為加劇龐大？

何謂媒體？「媒體」（media）意為訊息傳達工具與傳輸控制，是傳播製作組成的專業機構。而媒體軟、硬體資訊承載的載體為中介涵蓋面向，內涵與外延統合意義上聯繫媒體間傳播的重要介面，稱作是「媒介」（medium），在拼音文字中，media 是 medium 的複數形式。然而，「媒體」科技進展與其形式與內容的不同，是足以改變和影響「媒介」。

新媒介傳播平台，讓人與人之間意見交流、感情情境、思想觀念、資訊知識……互通有無，從最原始聲音、口語，逐漸發展至文字、符號、語言等媒介；於現代網際網路，藉由科技作為媒介傳遞影音、圖像進行社群、群組的互動連結。現在「手機」是網路、電話、電腦、遊戲機、相機、電視機等多媒體綜合載體，因此，人們生活中的所有面向，每一分每一秒，都在進行傳播和被傳播。

誰在傳播？傳播什麼？通過什麼媒介？向誰傳播？傳播效果如何？

資訊速爆的今日，眾多訊息雜沓飛來，然而，正確精準的訊息內容，易淹沒在茫茫大海中，科技進展讓傳播效應更快、更廣，時至此時，隨著網際網路設備普及，愈來愈多雲端平台新媒介，像抖音、Facebook、Instagram、Threads、LINE、YouTube 等各種社群平台，愈來愈多服務推陳出新，用戶數攀向新高，能深廣覆蓋世界每個角落。

曾經叱吒一時的大眾媒體，似乎逐漸失去當年光彩。其實，不管時代怎麼變、技術怎麼演進，不變的傳媒價值仍是「Content is King」——訊息內容為王！並非新媒介的出現讓大眾媒體失色，而是「大眾媒體」在媒體紛飛的今天，商業模式「收視率」與「覆蓋面」競逐，面對自主性、技術成分更強悍的「新媒介」，毫無招架之力，「魔彈」發不出來，大眾傳統媒體似乎應需分化其價值意義。

拍攝過程總是狀況百出、難以預測，所有攝製製作組員，皆要專注並投入聚焦，攝影師、燈光、造型、道具等，包括演員和導演，只要有錯誤、有所閃失，就必須重來、重複拍攝。

劉德華一邊動手調整，嘴裡一邊呢喃，似乎使出魔咒般，他口中唸唸有詞，彷彿聽見他嘀咕著：「魔彈呀！魔彈！你乖乖……聽話……」

陸續調整，一直ＮＧ重來，而拍攝時間有限，不能耽擱。這時，還無法完成最後拍攝鏡頭畫面之下，已沒有耐心的我，狠摔手上腳本；時間緊迫，壓力過大，總沒好脾氣。說也奇怪，昨天尚且完好，今天是怎麼了？有股不祥之兆。

話說戲如人生，人生不一定如戲。有時，會聽到有人說，每齣戲都是虛構、都是編劇想像出來的，而且重複拍攝、後製剪接、虛擬動畫效果，還有ＡＩ生成特效，看似巧妙安排，是不斷重複校正過後的結果，根本都是假的，媒介是虛擬世界，並非真實。所以，認為大眾媒體傳播效果與情境大都只存在娛樂價值，並非如「魔彈」般，足以改變閱聽眾態度行為，得不到信任和收視支持。

如果，我們認為劇情片是「重塑真實」，那何處才是「絕對真實」呢？是的，很多人都認為是「紀錄片」。到底劇情片與紀錄片的拍攝手法有何不同？我們想要討論的是：「如果劇情片是重塑真實，那紀錄片就應該是絕對真實，是嗎？」

電視台經常大手筆拍攝生態紀錄片，也一直令觀眾驚嘆不已，特別是記錄動物的特殊生態。畫面往往呈現驚心動魄的場景，在野外拍攝北極熊，攝影師突然被發現，北極熊朝他跑來，攝影師驚呼：「那是北極熊嗎？沒錯！」他和工作夥伴在這個雪地小屋等待了整整一個月，才拍到這個珍貴畫面。影片攝影師經過了漫長等待後，終於聽見剛出生的可愛北極熊寶寶所發出的叫聲，牠們從雪地巢穴裡慢慢爬了出來，這珍貴鏡頭直讓觀眾動容。

不過可惜的是，這紀錄片裡不是每一幕都是真的，工作人員坦承，北極熊寶寶誕生畫面其實是在一處動物園裡搭景拍攝。電視台回應，考慮到動物的健康安全，有時需要在可控制環境、特殊背景和特定條件下拍攝，換句話說，造假有理。

資深攝影師揭露紀錄片真實情況，據他所言：攝製紀錄片時，包括小動物在內的多數鏡頭，雖猶如真實場景，實則都是虛構。除此之外，虛構不止這樁，這類似情形不勝枚舉——像是火山爆發加閃電的「奇觀」景象，是用不同影片合成；還有，曾有媒體踢爆，動物生態紀實紀錄片為求逼真，強化影片戲劇張力情節，紀錄片中的動物主角是一匹在沙漠中的野狼，竟是人工飼養！牠在訓獸師指揮下奔向指定方向，配合客串片中攻擊駱駝而遭人們圍剿的角色。

除此，某電視頻道也曾經推出關於美人魚紀錄片，贏得多數觀眾關注，並迅速在社交網站上引起一陣狂熱話題，這個生物有魚的尾巴，還有一頭長髮，直指就是傳說中美人魚。述說牠被海邊遊客用攝影機捕捉，號稱發現美人魚存在的新證據。由於長時間宣傳，播出當時吸引了成千上萬觀眾，打開電視收看，創下該頻道最高收視紀錄。影片中還找來海洋大氣管理局科學家，解釋美人魚真實存在的可能性。而實際上，這位科學家是位演員，鏡頭中美人魚也是假的。該節目執行製作人表示，他的團隊只是想讓人們認為美人魚可能是真實的，才製作了這麼一個「假設、創作性」的紀實型節目，之後竟發表聲明稱：該紀錄片純屬娛樂行為，至今並沒有任何證據顯示美人魚真實存在，但該紀錄片至今還有人深信不疑。

這些專業電視頻道，曾經是我們懵懂時期的窗口，透過這些窗口，我們慢慢地認識了自然大地、環境地景與動物生態，甚至認識了地球萬物的起、承、轉、合。一切由他們影視聲光呈現媒體訊息，我們直接接收，更何況是孩子們？他們肯定也是全盤吸收，不會帶有任何質疑。但是，很多知名自然生態紀錄片頻道，長久以來一直被認為是全球最受尊敬的媒體頻道，這樣的節目竟出現在負面新聞報導之中，直讓全球觀眾扼腕。

諾貝爾文學獎得主馬奎斯（Gabriel García Márquez, 1927-2014）在小說《百年孤寂》（*Cien años de soledad*, 1967）裡

無懼

言：「世界太新，很多東西還沒有名字，必須用手去指……」誠如對於生物萬態及相對環境的未知，我們一直保持學習態度和欲望，會試著找尋可能已經累積下來之集體共識與相同判斷的軌跡，以證明大家所指、所言、所見都是一致，並且正確，因為這是一種共識性——知識和共同學習的認知。

此時，我們要知道大自然起源奧妙的蛛絲馬跡、物種生存脈絡與訊息等等，這樣知識正確，想要了解與分享，是在唾手可得、咫尺遙指在遙控器那端，立即可在電視頻道獲得與知曉。但殊不知，一直信賴的權威電視頻道，竟會有如此作為。

曾經由朋友鼓吹，希望我能共同參與紀錄片徵件計畫，即先行提交撰敘企畫案進行徵選，在逾數百件企畫案中，遴選出優秀十件入圍企畫案，再進行後續決選，決選前三名，即可獲得預算補助攝製，並在全球性國際頻道播出，而我們很榮幸地獲選入圍了。

在紀錄片入圍研討會流程中，由主辦單位為各位入圍團隊說明和介紹成功又好看的案例紀錄片片段，並闡明如何向觀眾說好看的故事。

但我驚覺，案例影片中的這些影片有如電影宣傳廣告般，為了「好看」，除了聳動也多了些虛設噱頭、懸疑刺激等效果，如：「某生物的消失是否受到人類黑死病傳染、這將是物種生態最大浩劫」，亦或像「這場空難是恐怖分子提出警告還是政爭中陰謀」等等假設性主觀設定和頗具戲劇性的切入，以聳動議題與主觀鏡頭設計，將紀錄片用以戲劇張力編撰鋪陳，並將有如電影娛樂視覺震撼、浮誇設計效果般，試圖主導閱聽眾情境及觀感。當時，我頗具詫異與震驚。

回想，一直所認知的紀錄片，就是記錄主題主角故事本身，讓其自然延伸發展，鏡頭除了紀實記錄還是紀實記錄，讓故事本身說自己所承載的故事。在這裡，沒有導演也沒有編劇，不假設、不主導、不干涉，「真實」就是紀實紀錄片的唯一魅力。而我認知的專業性頻道，就是這樣理性而客觀；真實紀實與紀錄的傳遞者，屬於類型分眾頻道專業優勢，這也是大家對此電視頻道一貫的尊崇及印象。

遴選過程嚴謹，入圍的提報團隊至少都是從數百件企畫案中，精選十個團隊入圍進入決選，各團隊提報主題內容都是頗具有可看性，而且彼此製作經驗都相當豐富。

因為參與決選研討會都是同行，席間不乏互相認識的朋友，彼此會打聲招呼，也彼此互勉鼓勵，同時會交換一些意見與看法，而我竟就在各團隊彼此互動間，聽聞到出乎意料且令人震驚的幕後內幕。因為一直對專業類型頻道抱持絕對尊敬態度，從不質疑也由衷信任，不認為會有任何可議、可挑戰的地方，以驕傲與榮耀的心情參與決選研討會，但這內幕卻帶給我很大的反差與落寞——

據其他團隊朋友告知，報章曾揭露內幕報導：上一屆獲得預算補助的紀錄片播出後，在攝製上相關的批判與評價；主要是紀錄片受訪學者，透過平面媒體發出嚴正聲明和澄清，擔心影片所播出內容誤導了觀眾。主題為昆蟲的飛躍生態：「你看！昆蟲飛回來了！昆蟲飛回來了！」其實，非為真實。

劇情一直圍繞昆蟲神祕跨國遷徙的聳動議題，但是，這只是生物科學上的假說，特發表聲明以正視聽。於紀錄片影片攝製階段，受訪研究學者雖全程參與；並協助指導拍攝後，看見最後播出內容，竟然會有如此落差；結果竟以演出方式取代記錄真實，並指涉此頻道節目荒腔走板、移花接木及混淆視聽，負面評價非常嚴厲。

「紀錄片」（documentary film），翻成中文意思是「紀實影片」，字面上意思即是「紀錄真實影片」。紀錄片長久以來，一直被認為是記錄真實世界人、事、物的類型。紀錄片魅力也來自於調研主題內容，投入長時間追蹤，探索過程曲折，紀實已知或探究未來性。在曠日廢時的攝製過程中，一起探尋真實與紀實主題深度，拍攝一年、五年，也有拍攝長達十年以上，跟隨著主軸內容，人事物共同起、承、轉、合。

在作者、鏡頭、剪輯觀照與取捨之下，我們究竟觀看到何種真實？了解何等虛假？如果，紀錄片出現許多混合真實記錄、虛構、重演、戲劇演出等元素的作品，那還能是紀實紀錄片嗎？是劇情片？還是節目？如果紀實紀錄片可以不絕對真實，那我們要相信，何種類型呈現才是絕對真實？紀錄片作者，在自己視野角度中調研題材，而這題材是作者主體意識的體現，是作者世界觀與真實記錄的對等關係，所以「真實」是紀錄片工作者最高難度的呈現，也是共同相信、共同信任，且最令人崇敬的——「絕對真實」的共同使命。

但是，商業媒體頻道無可厚非地，為求觀眾觀影最佳條件，希望收視率得以攀升，製作單位在不違背故事主軸的情形下，做些調整或重塑現實狀態，甚至書寫字幕並附註情況，讓故事更貼近真實說明，使得觀眾有所認知，在收看識讀中理解並有所判別，這也就是媒體責任和守門工作者，應有輔助措施中的最佳體現。但是話又說回來，也確實有很多專業電視頻道，製作嚴謹且絕對真實的紀實紀錄片。

如果，認為劇情片是「重塑真實」，紀錄片沒有「絕對真實」，那魔彈理論就完全不存在了？

就在此刻，應景道具一直出狀況。「魔彈」，希望它適時打開，讓繽紛的碎花彩帶，從高而降。但是，今天一直卡住，陸續調整，一直ＮＧ重來，拍攝時間有限，不能耽擱。說也奇怪，昨天尚且完好，今天是怎麼了?!有股不祥之兆。

突然間，晴天霹靂！猛然驚爆，出大事了！

同事衝進攝影棚，直衝我面前過來，氣喘如牛，「大事不妙！大事不妙！能不能挽救啊?!剛才的開播晚會，完全沒有錄到啊！」他急喘說；「錄製全程開播晚會，因為外製工程單位嚴重疏失，完全沒有錄製到晚會活動所有畫面，就連備用調節的錄製系統，都沒有畫面！」

當時任務，除了拍攝台港巨星賀詞外，還必須身兼數職在舞台前前後後、裡裡外外，配置六台移動性高的單機攝影機，在晚會活動攝製工程作業線路之外，配置、機動而有目的性地拍攝；晚會活動幕前和幕後、流程各細節，擷取電視台開播歷史性主要鏡頭。

如此破天荒、飛天遁地開播晚會活動，一剎那堆積成本過高、工程浩大，當然，無法重複拍攝、一再重來。

幸好，任務帶領的攝製配置，移動性高的單機攝影作業，攝製開播晚會活動內容，全程拍攝畫面完全沒問題。最後成果瑕不掩瑜，全力支援配合播出剪輯，將電視台開播晚會順利播映！

魔彈呀！魔彈！魔彈呀……你乖乖……聽話……

有魔彈?!新媒介平台如虛擬實境，
虛虛實實，真真假假，萬能擬真?!無懼?!

無懼

第三章　「轉念，是危機處理的基石。」

賈永婕 VS「兩級」理論／拉扎斯菲爾德（Paul F. Lazarsfeld）

「轉念」是最佳元素，

而應變時機與應變能力，是危機處理的主要契機，

它更像是一門藝術！

關鍵意見領袖說服能力，虎視眈眈。

「每個立場看待危機處理的角度和態度，完全都不一樣」。

彌補錯誤的代價，遠超越預防成本。

媒介傳播效果及影響力未來效能曲線，

是向上提昇還是向下修正？

眼簾眺望外灘與黃浦江岸，古典優雅氛圍，讓經典建築更顯氣魄。此時，天際靛藍且透露著暮色沉靄，迤邐餘暉返照水色；輝映波光粼粼，漣漪交織盎然，足以胸襟開闊，滌盡塵俗，格外讓人愜意自在，每一口呼吸都感受幸福。

我們於外灘附近樓高頂層，一夥人為這次廣告拍攝順利殺青慶賀。主角賈永婕總是笑容可掬，直率不矯情，親切可人、風采翩翩，讓人有溫馨、如沐春風之感。

工作告一段落的放鬆，美景佳餚，分外宜人。席間，杯觥交錯，紛紛熱絡。忽在冷場之際，賈永婕提議遊戲「真心話大冒險」。淘氣的遊戲似乎引起不了興致，但知不可掃興。應該是意興闌珊的原因，第一擲，我竟然輸了，需回應賈永婕的真心話。

賈永婕道：「導演，說說對於我的個人評價。」

我故作命算仙，出手屈指，「我算算看。」大夥訕笑。

我清一下喉嚨玩笑說：「永婕同心，永浴愛河。」大夥也齊喊說：「什麼愛河，是黃浦江。」

「對！對！黃浦江是最美麗的愛河！」我繼續說：「永婕，工作專業認真，坦率直白、貼心溫和、善解人意、大方灑脫，俠女性格，無心眼、不耍心機、不勾心鬥角、不爾虞我詐，然後……應該不喜歡當演員。」

大夥又驚喊一口同聲：「為什麼?!」

「因為永婕只適合做自己。」話一說完，賈永婕頻頻點頭，也若有所思。

蔡董氣急敗壞，「我們已經集結至少三輛遊覽車人數，準備到電視台門口丟雞蛋抗議！」語氣鏗鏘堅定，猶如一場戰爭一觸即發。

「蔡董！蔡董！你冷靜！你冷靜啊！」狀態似乎已經箭在弦上，風暴即將爆發來襲。

桌上另一支電話那頭傳來聲音：「最好他們都過來，我讓他們公司繼續身敗名裂……」電視台新聞部主管的語氣同樣堅定有力。他是我之前任職電視台長官，一直是以犀利、敢於衝撞聞名。「老大！老大！你冷靜！你冷靜啊！」

在雙方兩造間，一來一往，安撫並試圖想挽救一切可能發生的事態。

「蔡董！蔡董！你先好好聽我說……」

「沒什麼好說，電視台只聽消費者爆料，怎會有這種胡亂的報導?!有些人可以去丟雞蛋，我們為什麼不可以？這是什麼差別『**兩級**』……」

賈永婕心地善良、熱心公益，是「護國天使」、「抗疫女神」，亦是現任主要地標一〇一大樓「最美力董事長」，但是自上任以來爭議即沒停過，除了各大媒體平台群組議論紛紛之外，還多次接到恐嚇信，行事風格引起高度討論，所以也一直處在危機邊緣。同時，有鄉民支持愛戴、有酸民口誅筆伐，足以讓他千頭萬緒，這情境紛擾「兩級」！

「兩級」理論（Two-Step Flow of Communication），拉扎斯菲爾德（Paul F.Lazarsfeld, 1901-1976）為傳播學研究先驅，研究基本概述指出：「在傳播訊息內容傳遞過程中，大多數人聽取或行為傾向的改變，並非直接受大眾媒體影響，而是受到關鍵意見領袖（Key Opinion Leader, KOL）影響下形成自己的認知和意見，大眾媒體對群體受眾的影響屬於間接。」所以，大眾媒體訊息內容傳播予關鍵意見領袖，為「一級傳播」，關鍵意見領袖再將訊息內容解讀，並理解和認知後，再

傳達予群體受眾，為「兩級傳播」。也就是：大眾媒體訊息內容流向關鍵意見領袖，再從他們流向更廣泛的群體受眾。

關鍵意見領袖擁有個人魅力特質，他們有高度親和力、敏銳度，專業且知識豐富，有較獨特想法，並且對人際社交積極。他們接收大眾媒體訊息內容，並傳達、解讀自己對訊息內容詮釋，從而影響群體受眾和意見追隨者，對於訊息內容的辨識和認知。群體受眾的心理層次，有其依賴性與附和性。從認識、判斷再到改變行為模式，關鍵意見領袖人際影響甚為巨大，比大眾媒體直接傳播說服更具影響力；也就是說，關鍵意見領袖說服能力會建立在大眾媒體傳達之上，屬於社會群體說服的一種象徵。

基於論述假設，關鍵意見領袖個人影響力，也干預了大眾媒體訊息內容的可能性。大眾媒體和關鍵意見領袖如何彼此影響？關鍵意見領袖又如何影響群體受眾？實證研究發現，像抖音、Facebook、Instagram、Threads、LINE、YouTube 等各種社群平台，顯示了兩級傳播明確實證。社群媒體平台將訊息內容，傳播予意見領袖，如細胞分裂般，再傳達予次級意見領袖，次級意見領袖再傳遞給三級意見領袖……如此，傳播不僅有一級和兩級模式，在於不同網路結構，有更複雜多級的傳播模型，一直在擴散性延伸建構。但是，關鍵意見領袖的人際社會傳播，和大眾媒體與社群平台傳播之間，通路界限或許並非極為明顯、清晰，但是存在二者相輔相成的利害關係，其研究框架提供了大眾傳播理論基礎。

關鍵意見領袖可指的，也是「媒體」，在此「自媒體」年代，各個大眾、小眾、分眾的社群平台馳騁紛飛，絡繹不絕、各自表述。當今，多元媒介中介傳播，無遠弗屆、資訊充斥，藉由各種多元媒介互動模式，在線上提供訊息內容已蔚為常態，在不同類型多元媒介社群平台，關鍵意見領袖會隨著所使用媒介形式特性的不同，而改變不同手段和方法，以達到更貼近群體受眾影響力。關鍵意見領袖經解讀和認知，透過高速轉發訊息內容，文章、圖片或影片傳遞資訊往往較為多元且深廣，能在網路社群平台上被接受且被信任，並直接和群眾粉絲、消費者們互動，給予他們想要的資訊。過程中互通有無，所提供之建議常常充滿情境、感官感受的貼近，促使網路口碑擴大流量的展現。

當我們想買某物品時，要了解好壞評價、使用心得分享，或者有無開箱文？現在，我們會直覺地上網搜尋，這些分享評價、開箱影片的人，他們的動機有可能是單純分享，可能是業配文、置入性行銷，或是直接販售品項的廣告宣傳，都是希望透過自身說服、影響，直接或間接地改變群體受眾觀感和態度行為，他們都是具有「關鍵意見領袖」的立場和功能。網路紅人、YouTuber、專家達人、名人名嘴、部落客……在當今社群媒體平台，透過這些關鍵意見領袖互動應用，在特定領域或跨多元領域來影響群體受眾對資訊消息的認知，並改變態度行為與決策。就好比說，年輕少婦平常較少烹煮，此刻，她到菜市場買菜，可能不會直接問老闆：今天菜況好不好？如何挑選？她應該會試著去問也正在挑菜的中年婦女，因為她知道中年婦女煮菜、買菜經驗比她豐富和專業，所以較會聽從中年婦女的意見。這裡，中年婦女就是關鍵意見領袖，老闆就是大眾媒體，而她就是群體受眾。

事實上，過去大眾傳統媒體時代，媒體若頗具專業素質，況且對於新知資訊與政經、社會議題等概略有獨特見解、多元平衡論述，因此能獲得群體受眾信任，進而中介提供解讀資訊，傳達理解認知並分享，促使展開「兩級傳播」，發揮在特定領域、多元領域影響力。

同樣，在公共政策或科學理性領域，若公共措施和科技應用其涵蓋面向和作用意義，需向社會群體說明、提示時，會推薦訓練有術的專業人士、教授等關鍵意見領袖，作為中介立場來整合講述，讓社會群體信任、有信心，肯定其專業說服力。

當人們資訊不對稱，而且需求涉入程度較高時，尋求關鍵意見領袖之建議的可能性較高，所以在企業行銷推廣規劃上，會認為關鍵意見領袖ＫＯＬ比大眾媒體廣告傳播更快速、更精準地接觸目標群眾，皆紛紛邀請關鍵意見領袖ＫＯＬ在社交平台為自己產品背書或代言。然而，要說服素未謀面的網友們，將無所不用其極，分身乏術也要取得群體受眾信任，包括具投資風險性，如股票、房地產、期貨等等，這其中，也可見詐騙行銷手段和矇騙話術，充斥在網際網路互動情境之中。

關鍵意見領袖將扮演好與壞各種角色，在媒體平台訊息內容速爆的年代，關鍵意見領袖會虎視眈眈，試圖讓人財物失血，甚至身敗名裂，我們必須持續有應對的各種準備。

至於，蔡董說：「有些人」可以去丟雞蛋，我們為什麼不可以?!這所謂「有些人」就是關鍵意見領袖，或者是某種特定人物。他認為關鍵意見領袖可以動員丟雞蛋，為什麼他們不可以？為何有此等「兩級」差別？其實這樣的提問，通常是事態在浪頭上，激動情緒式發洩。或許曾在各媒體平台、廣告行銷、公關單位等相關從業工作人員，才會有的專業認知：「每個立場看待危機處理的角度和態度，完全都不一樣。」這是至關重要的關鍵。我們往往都忽略了企業、消費者、關鍵人物、特定人士，甚至各媒體社群平台看待危機處理的角度和態度，都不會完全相同。如果，對於群體受眾不了解、對媒體社群平台生態不熟悉，這也可能是導致危機是否擴散的主因。

所以，「有些人」是關鍵意見領袖，況且和媒體關係，存在互取所需的共同利益。媒體需要有勁爆的報導內容以提高收視，關鍵意見領袖可以提供相關需求，同時，關鍵意見領袖也需要被媒體報導，來維持一定的能見度與知名度，雙方相輔相成、互為作用。但是，如果是企業業者因消費者投訴，即要進行抗議訴求，取得公道；殊不知，媒體較會站在消費者立場，因為消費者對於媒體來說是小蝦米，而企業公司是大鯨魚，媒體相對趨向較同情弱勢一方；而對財大氣粗的企業公司提出譴責，有時，勞、資雙方也同樣依此比較。

從當代媒體平台與社會網路來看，現代化、多元化是我們這個時代的重要特徵；更清楚地說，在多元面向參與脈絡裡，個別差異和不同聲音都被賦予一定程度表達權利，但是，現實存在相對意識立場與相對利害關係辯證事實中，所謂「不公平」，是因為不同的因果存在。然而，這也就是強調特別性與特殊性時代裡，多元尊重和價值統合的兩難困境，這將是我們需要慎重處理的課題。

當企業業者面臨嚴重汙衊形象的不合理客訴，第一時間是要找律師還是公關？答案會在一念之間，將影響企業品牌危機關鍵的可能性。曾經，有客戶也同樣遇到消費者向媒體負面投訴，而第一時間開的記者會，主題竟然是「控訴消費者汙衊指控」。果然，這是有相當訴訟經驗的律師主導。倘若用這樣方式控訴消費者，可想而知，企業品牌危機將面臨何等結果。同樣的，若蔡董因為媒體不實報導，而動員遊覽車前往電視台門口丟雞蛋，公司將步入何等危機處境。

「公關危機處理」是公關研究領域中不可或缺的一環，但不論研究者提供多少理論或個案研究，許多企業在處置上，依然難以避免而形成「再危機」。因為，當事情發生在自己身上，其態度跟反應總是超過想像。

公關從事者、學者與企業業者，都曾針對其風險、危機提供預警資訊，或許都於課堂上以個案研究容易取得共識，在當下容易引發知覺。但是，當自己公司發生相關公關風險及危機時，竟不同凡響、甚至火上加油，依舊難以阻止自身危機擴散發生。

危機無所不在，樹大總是招風，若不招風，顯得樹不夠大。尤其在當今網際網路速爆、變動極快的媒介環境，充滿高度複雜性與不確定性，時時都可能使危機如滾雪球或骨牌效應般，從星星之火足以燎原之勢危及整個企業公司，當然，包括社會團體和政府機構。

如何執行公關危機處理？如何妥善處置抗議聲浪及負面情緒？隨著媒體傳播工具的進步，民眾不再是單一個人可以被輕易地壓制或擊破；當遇上公關危機，首先，不對消費者或社會大眾，甚至媒體做針對性回饋、反控，應將誠實以對、坦誠當責，轉換立場思惟，才可能走出危機泥淖，或許才是決定危機是否有火上加油、再掀波瀾的關鍵，若沒有這樣「轉念」，如何化危機為轉機呢？

公關危機處理五大關鍵步驟

一、**危機管理時間處置，了解真相，坦誠面對：**
儘速查察事件原委，深入問題發生源頭，鉅細靡遺掌握事件事實，以最佳應變時機，縮小影響範圍。

二、**危機相關對象釐清，事實呈現，善盡溝通：**
聚焦問題起源與真相，掌握事實進行檢驗，啟動危機事件內容調查，謹慎了解相關人物訴求，承擔責任並緊密溝通。

三、**危機相對資訊認知，沉著應對，開誠布公：**
相關資訊查證和整合，透析並面對細節呈現，掌握先機，制定應對策略與處理流程，隨時彈性因應，應對措施。

四、危機控管預防擴散，積極行動，穩健操作：

俐落執行應有補償條件，平復消弭損失擴散，減少負面影響，資源調配控制風險，整合策略與積極執行。

五、危機承擔負責解決，責任擔當，善後重建：

實質改善缺失，輿論檢測，並積極擬定改善計畫，以免重蹈覆轍，提出重建優化方案，化危機為轉機。

「控制」危機是公關危機處理首要關鍵，但危機本身即是不穩定的動態過程，急迫且無法預測，容易失控、容易造成危機擴散。畢竟彌補錯誤的代價，遠超越預防成本，我們從案例中借鏡並解析，從經驗中學習尋找脈絡，但是，突如其來的事件往往令人措手不及。雖然危機處理有其原則步驟，卻沒有標準答案。同樣的危機事件，不同人執行，都可能發展出不同成效與結果。「轉念」是最佳元素，而應變時機與應變能力，是危機處理的主要契機，因此，危機確實可以形成轉機！所以，它更像是一門藝術！

「蔡董，這是要刊登各大報的聲明稿，請您過目。」昨晚聲嘶力竭、苦口婆心、極力勸退，阻止了一場損己駭人的衝突和戰鬥。但一切並沒有就此停歇，整夜無休，繼續擬出聲明稿，以最快時機做最應當處置，並且極力說服電視台新聞部長官，採訪一則平衡導正報導，讓其得以平反播出；後續，策劃蔡董公司公益回饋方案，獲得正面迴響與成效，使得蔡董公司業績增長，實為再次將危機化為轉機的成功案例！

大眾傳播萌芽進程階段，當時媒體研究認為，由於大眾社會結構無從規範，所以充斥混亂局面，人們心理層面無助且資訊不足，促使媒介擁有強大影響，人們容易受媒介左右，這即是當時的「媒介魔彈論」。後來，「兩級理論」研究論述中，證明大眾傳播影響力不如人際傳播，關鍵意見領袖影響力，大於大眾傳播媒介。但是，關鍵意見領袖也有可能是受到大眾媒體影響，他們接收大眾媒體訊息內容，並傳達、解讀自己對訊息內容詮釋，從而影響群體受眾和意見追隨者，對訊息內容的辨識和認知。

大眾媒介如何有條件或充分理由繼續產生傳播效果？大眾媒介與關鍵意見領袖如何彼此影響？大眾媒介如何與關鍵意見領袖形成同一認知價值體系？這是大眾媒體強化鞏固現實立場的前提，也是延伸存續的最佳可能性。同時，關鍵意見領袖

「兩級」的傳播效果，也是新媒介社群平台如何分眾、整合的最大公約數。

媒介傳播效果及影響力未來效能曲線，是向上提昇還是向下修正？是「媒介魔彈論」？是「兩級效果論」？抑或是在何等不同媒介時空背景下，將丈量出何種效能尺度？在無遠弗屆網際網路，社群媒體平台速爆的年代，如果我們針對新媒介傳播效果和閱聽眾認知態度行為，繼續進行實驗調查與研究，我們將重新審視、重新理解，並重新詮釋傳播概論視角，對於新科技媒介運營生態的理解，能有最佳解盲剖析，拋磚引玉，使媒介傳播論述和研究貢獻將更推進一步。

賈永婕，坦率直白、大方灑脫，俠女性格，同時也心地善良、熱心公益。她是「護國天使」、「抗疫女神」，新冠肺炎疫情嚴峻時，積極募款並甘冒生命危險，先鋒進出公私立醫院，捐贈「救命神器」呼吸器，還於各處所贈送愛心便當給醫護人員，是為善不落人後的巾幗英雄。但是，這行事聚焦並引人側目，竟有流言蜚語，讓她委屈，令人深感不捨。儘管如此，她大氣地說：「沒關係啦，我都這把年紀了，這都是看個人修行，我可以很大聲、正大光明地說自己救了很多寶貴生命，應該大部分人都可以理解，如果還有惡意攻擊，那也沒辦法，畢竟做好事，就別想那麼多，還是要有承擔的勇氣！」她傻大姐個性，真的讓人聽了會笑，笑著眼淚直流。

她現任主要地標一〇一大樓「最美力董事長」。同時，自上任以來爭議即沒停過，除了各大媒體平台群組議論紛紛之外，還多次接到恐嚇信，行事風格引起高度討論，所以處境也一直在危機邊緣。她表示：「我不是為了什麼光環才去做，就算被流言攻擊也要做下去！」

「譽之所至、謗亦隨之」，她穩健直率，總可以迎刃而解。

態度、性格決定一切，她的原型性格質樸，淨清無瑕、不虛假做作、坦率穩健，做好自己就是最佳典範。個人風格不適宜過分切割，與「演員」投入必須合乎各個不同角色，需有多元情感、性格分割，兩者截然不同。她還是適合做自己，而且做得非常好！

蔡董在危機處境上，情緒難以調和於關鍵意見領袖「兩級」的差別待遇，還好接受勸說，避免損己駭人的衝突和戰鬥。

賈永婕，有鄉民支持愛戴、有酸民口誅筆伐，遭受「兩級」情境紛擾，鄉民和酸民都是關鍵意見領袖，足以讓他千頭萬緒，讓她步步為營。

危機就是轉機，而兩人所接受的「轉念」，就是化險為夷的契機！

你是關鍵意見領袖嗎？如今，我們是媒介也是訊息，我們使用、也被使用的同時，或許「轉念」就是相對理解彼此的最佳元素，化危機為轉機的最大關鍵，化險為夷的最佳契機！

轉念

轉念，是危機處理的基石。

第四章　「往後看、向前行！」

吳念真＆夏曼・藍波安 VS「後視鏡」理論／麥克魯漢（Marshall McLuhan）

透過「後視鏡」往後看、向前行！

路無可「退」，退無可「進」的迷惘？

「EAI的世代來臨了！」

有「它」將如豁免敵友之界，儼然已成為世紀之最。

「單極霸權」跂訾，地球村正形塑「再去中心化」，

考驗著地球村村民的智慧。

跳離地球村，是悲是喜，只是一個按鍵距離。

我們用過去衡量未來，未來放在過去也才能衡量

從「現在」構畫到「過去」

我們用後退的方式走入未來。

「你到底是會曉騎歐兜邁否？還是哪騎哪看水姑娘啊！快啦！快進來抹藥啦！」似乎幾里外，還聽得到歐吉桑的吼喊，他是吳念真（1952-）。

「拜託！住在那麼遠的山路，最好有水姑娘啦～」騎摩托車上山雷殘，一跛一跛走進吳念真家。主要是將剛剪輯完成的毛片，拷貝剪輯樣帶給他。

在一個沒有光害的傍晚，稀疏路燈和屋燈陸續亮起；橘紅夕陽漸慢下沉，漸層蔚藍天空泛出紫橘光彩，與湛藍海洋形成海天一線，讓人驚豔，是這島上最自然的色彩學。這時刻只有幾分鐘，必須趕拍，這是屬於外景的魔術時間。

終於，在它還未消逝之前趕到，這是可遇不可求的光景，或許是這島上獨有的天地魅力。登高攀爬，山路僅能靠雙腿雙手的辛苦，攝影器材還需大夥攀岩接駁方能登頂的驚險，但在這一刻，我們都滿足得快活。

在拍完最後遠山眺望、海天一線霞光鏡頭後，我大聲吆喝：「收工！走！天黑啦！」大夥收拾好下山，準備在「蘭嶼」這島晚餐。晚餐時，攝影指導邱哥約了一位他曾經拍攝過的蘭嶼友人家聚餐。

在閒聊中，得知這位是在地作家夏曼・藍波安（1957-），蘭嶼達悟族人原住民，漢名為「施努來」，他是早期少數完全不憑藉原住民保送制度，而進入大學就讀的原住民。大學畢業後留在都會城區，僅能從事各種零工，像建築工地板模、綁鐵工人或開計程車謀生。儘管努力適應，接受城市處境裡的起承轉合，但是，畢竟都市叢林生活，還是覺得格格不入，便毅然決然返回蘭嶼。

夏曼・藍波安聚焦一個想望，想要更深層觀察自身所在、探究屬於族群脈絡。從他創作撰寫中，了解對於族群身分認同的衝突與糾結，有所深刻體認和省思，後來他耗費十年時間，參閱相關達悟族人民族誌的文獻內容，並以自身實踐態度，重新體察達悟族人傳統生活方式，徹底體認族人部落文化面向與使命。

之後，他進入清華大學人類學研究所就讀，再後來於成功大學文學研究所博士班畢業，也以「海洋文學」相關風格寫作作品得獎無數，並為曾經以獨木舟橫渡南太平洋的第一人。

在彼此熱絡晚餐中，夏曼・藍波安詢問我們拍攝計畫和目的，我簡短地告訴他，此次主題是拍攝離開家鄉本島，遠道而來於蘭嶼奉獻自己、為蘭嶼原住民孩童盡心盡力辦校，並在教育、輔導堅持不懈，一位教育工作者的人文性主題。

當時，電視台推出系列人文關懷主題，以短片方式去感謝、傳頌每位為地方盡責並努力不懈的小人物，他們如小小螺絲釘般穩固著彼此的生活日常，而且潛移默化，心繫我們彼此情感，值得讓彼此感動，有如養分般觸動我們正面生活毅力、凝聚大家正面樂觀方向，所製作攝製策劃主軸。當時電視台作為形象系列主題播出（主題名稱《一步一腳印》，作者任職編導，此一系列當時獲得電視金鐘獎肯定）。

此一系列，每篇皆由吳念真觀看剪輯片段後，親自撰寫文案，並由他深刻唸出旁白（蘭嶼・離島工作者篇）：「十八年來，他在這小島每天和孩子生活、嬉戲和學習。他特別強調，他是在這裡學習的，不是來這裡教育的，因為他教孩子的，只不過是最簡單的知識，但是這裡的孩子教他的，卻是如何在最簡單的生活中，保持純真和快樂，所以孩子可以畢業，但是他現在還學不會，所以，只好繼續還留在這裡繼續學習。」

夏曼・藍波安嘆了一口氣問：「那位老師是漢人吧？」

我說：「是的。」但我對於夏曼・藍波安沉重語調感到不解，他本來欲言又止，但在我追問下請他直說：「其實，我們原住民教育工作，應該是我們自己來做，才是正確的事情……」他往後望向牆上老相片如此說著。此番感慨，足讓我震懾不已。他又話說：「自己的原住民族人孩童，就應該自己族人來教育才是正統……」我們都聽得出來他並非責怪，而是感受無奈，無奈的是他們無能為力，感慨的是自己族人文化細節脈絡，恐為漸漸隱沒……

聽到這樣無奈與感慨，莫名沉重。

是的，雖然無關是非對錯，但是心裡不安。到底是應該用何種心態，來觀照我們的作為？該用何種角度和立場，來詮釋我們的面向？或許，一些事態總是動輒得咎，也或許，事態總在一體兩面之中琢磨，固然沒有傷害、沒有責難，但也有一絲絲遺憾……至少，已在我心中形成，一個無罪之過的忐忑。心裡萬般疑問，試圖想獲得緩解。當我們在雙方關鍵立場上，在取捨相對應衡量刻度下，我們如何斟酌其平等對話？如何評斷在天秤兩端的對等關係？如何找到該有的題問與態度？相對平衡竟是如此恐怖的氛圍。

此時，換我抬頭望向夏曼・藍波安家裡牆上老相片，然後，大家若有所思，安靜無聲了許久……

吳念真，除了於當時電視頻道《一步一腳印》系列形象廣告製作參與，之後，推出《念真情》節目，同樣文筆底蘊厚實、言詞扼要細膩，很快就被譽為「最會講故事的歐吉桑」。很會說故事眾所周知，但很多人不知道，吳念真講故事技巧，其實是孩童階段礦村生活裡，被一群鄰居阿伯、叔叔、阿姨磨練出來的。出生礦工家庭，從小就喜歡坐在樹下，聽礦工們閒話家常，還會默默將這些閒話家常、生活趣事或奇聞軼事記在心底。除了將收音機聽到的消息轉述給繁重工作、工事危險的礦工們聽，同時也被要求幫不識字鄰居們讀信和寫信，因此，這樣的學習和磨練，造就了他的口條和文筆。

一開始，吳念真以最直接方式照本宣科，而且原封不改的傳達，就因為太過於直述，有人就會聽不懂或者感覺無趣，甚至幫鄰居阿嬸唸家書，就直接唸出信中的悲憤內容，讓阿嬸難過萬分，那時就會被父親挑剔：「好像在唸經，沒經過大腦！要講人話！也要顧慮到聽的人感受……」

「念真」就「唸真」，不然無唸真？一次聚餐時和吳念真開了個玩笑。當時這樣直白，幫礦村街坊鄰居讀信傳述卻受到責怪，讓他有些殘念。但是這樣的挫折，他左思右想，想想礦村村民們辛苦的體驗和經歷，生活點滴心酸苦楚，都埋在黑汙身軀背後，難以宣洩訴說。他深覺，應該要更貼近「人」的具體感受，用心、用情去敘說，怎能照本宣科，無心也無情呢？

這也才讓他恍然大悟，原來說故事、讀信，要感同身受、同理心，也還要有人情溫度，他也才體認，以共同生命經驗相互共鳴，進入到人們深層感受想像，才能連結出最對味的芬芳，正是最對味的人間配方和人間條件。

所以，吳念真漸漸調整敘事方式，慢慢學會如何修飾故事，用更貼近人性角度說故事、寫故事，所以那種情懷讓人格外有感，且沁入人心。以致，是位說故事非常成功的作家、編劇和電影及劇場導演。

「你歐兜邁ㄟ巴庫逆啊（後視鏡），快給去修理啦！危險啦！」吳念真還是拉高嗓門喊著。我一跛一跛牽摩托車下山，邊捋著「**後視鏡**」……

「**後視鏡**」理論（Real-viewmirror），是由麥克魯漢（Marshall McLuhan, 1911-1980）提出的論述，他被譽為二十世紀媒體理論宗師、詩人、哲學家、藝術家，稱之為鬼才的「先知者」。於六十年代提出「地球村」（global village）、「媒介即訊息」（The medium is the message）等概念，《理解媒體：論人的延伸》（*Understanding Media: the Extensions of Man*, 1964）發表後，在當時論壇報章讚譽他是自牛頓（Sir Isaac Newton, 1642-1727）、達爾文（Charles Darwin, 1809-1882）、

弗洛伊德和愛因斯坦（Albert Einstein, 1879-1955）以來，最重要的思想家，在當時引起了西方學術界，熱烈迴響與重視。

我們總是透過「後視鏡」來看現在、前面的一切，而往前開時，我們是看著後面、走向未來。也說：「面對現在當下狀態時，我們總是往後看、向前行，捕捉並依附著過去的人事物，向前邁進，我們幾乎是用後退的方式走入未來。」這是依循人們思惟進展的絕佳概論。

「後視鏡」是車上必須裝備，騎摩托車或開汽車時，須往後觀看著後視鏡、向前行駛；麥克魯漢用此比喻，形容我們要向前行進時，眼睛總是需要盯著後面。也就是說，人們向前行、向未來邁進，跟過去是無法斷開、是有延續性連結，需要以過去的形式支撐著我們向前開展，這是我們長久以來觀照事物的方式。

向後望去，過去的媒體形式即今日媒體內容，環環相扣連密不可分。新媒體其涵蓋性和影響所及更為關鍵，因為它的延伸脈絡，如中樞神經系統般串流，並縱橫平行且垂直跳躍跨界，驅使人們的感官感受得以放肆甚或閉鎖，此形式使得感應與回饋顯現極端落差，不一而足，然後，引領訊息內容放射並擴散出去，無遠弗屆。

麥克魯漢指出新媒體本質，拋離不了過去舊媒體形式，舊媒體形式會出現在新媒體內容之中，而媒體形式意義相對於訊息內容；對人們的影響更為巨大。新媒體會涵蓋舊媒體的所有形式，舊媒體並沒有就此消失，如傳統報章媒體圖文，網路媒體可將它轉化成；電子式視覺圖文內容。科技數位網際網路，像是時間和空間的時空廊道，包羅萬象，足以放置千載萬載的訊息內容，除接收所有過往媒體形式和內容特性，也帶來全新媒體互動使用介面。

傳播科技迭代、日新月異，從此觀點延伸分析；或許可以說，根本沒有所謂「新」媒體，而只有「再」媒體此等概念。就如現代科技進展驅力來看，當代我們生活所及媒體應用，包括了網際網路、虛擬實境、電競遊戲、數位創作藝術等等，其實都和過去媒體形式有所關連。新媒體誕生並沒有完全切割、拋開舊媒體，新媒體涵蓋了舊媒體形式和內容，然後繼續隨著科技驅力向前邁進。麥克魯漢用這概念提醒我們，新媒體都是透過舊媒體特性演化而來，如能對舊媒體特性加以掌握，確實有助於我們瞭解新媒體。

人們經歷過三次工業時期

第一次工業時期：生產製造方式轉為機械化，利用水力及蒸汽力量，作為動力來源，突破過去人力與動物力限制。

第二次工業時期：使用電力，提供動力與支援，大量生產新材料與物質。此時是內燃發動機，以及電報和無線電等等，通信發展技術萌芽。

第三次工業時期：電子裝置及資訊技術、數位化科技開展，是人們歷史上規模最大、影響最深遠的科技時期。

這三個時期階段，在每一步進程當中，都涵蓋了過去脈絡，在時間軸淺移默化中，承載了過往元素與因子。往後看，如觀看著後視鏡一般，而向前大步邁進。

然而，第四次工業時期，就是人工智慧（Artificial Intelligence, AI）。人工智慧在高速奈米科技驅動下，愈加廣泛發揮，足以讓科技機制、經濟市場在全球前瞻板塊上，瞬間擴展、挪移和驅動，它的趨向也足以撼動社會群體文化，改變人們生活細節，日常點點滴滴的影響與應用。在仿真應用系統中，讓生成模式造就了真真假假、虛虛實實的模擬真實面向，創造出替代性絕對優勢，同時，在高速執行運算與資料訓練後的強度，也足以替代人為的技術實踐，向未來前瞻邁進。

在此時科技媒體產製型態，將帶來何種媒介形式？訊息的擬真、內容的速爆，就足以帶來前所未有的感官撼動，如中樞神經系統般，不斷地如細胞分裂、分化擴散，於不斷延伸串、

退進

並聯途徑當中，有著沉浸式感官情境，對於形塑不同群組，造就不同社群文化，足以使人無法抽離、無涉的方式識讀媒介。

人工智慧ＡＩ於現代科技領域中蓬勃發展，關於人機協同、虛擬現實、居家智能、超物聯網等等，將更高端發展潛力，落實在新興科技的運用世界。同時，此起彼落ＡＩ科技的追逐，如火如荼來臨，在這個世代的賽場馳騁，百家爭鳴，無所不用其極。如今「往後看」，「石油」點點滴滴動能、「電」依然閃閃耀動，它們都還務必存在，繼續隨著他們軌跡前進，並且「向前行」。一顆顆披荊斬棘的「晶片」供應鏈，牽動著地球村互動連結，在人們生活方方面面無所不在，因為高端寡占，所以趨之若鶩，成為不可或缺的渴望，足以讓國際竭源爭搶、讓全球私囊壁壘，若技術規格擁有此；高門檻科技奈米瑰寶，略有國策謀略，將如豁免敵友之界，所向披靡。欲展望新科技數位電子產物進階，無論上天下海、飛天遁地，面面俱到，皆須它的挹注加持，無可厚非，儼然已成為世紀之最。

然而，人工智慧ＡＩ與時俱進、日新月異，往後看、向前行！科技持續進展，看著過往路徑演變，猶如一日千里，在呼嘯而過片段中起心動念；人們想望，將著力於更細膩的硬體數據推理、更細節的技術模組驅動，必須跨越在更貼近人性思惟。所以宣告：「ＥＡＩ的世代來臨了！」

「具身智能」（Embodied Artificial Intelligence, EAI）賦予具備物理機制統合，認知環境相互適應，具有大模型數據處理、訓練等技術模組驅動；可突破閉鎖以開放感知，達成學習、理解、推測、認知、策動等等多重模態實踐智能。也就是說，除了可處理人工智慧結構性數據演算，如圖像、視覺或語音等信息，具備多個學科融合及環境互動參與，能主動知覺環境適應變化，並能即時決策其行為反應，於真實世界實體間緊密聯繫，實現跨領域廣泛應用，這樣具體感知實踐路徑，具備人們邏輯動態、應對能力重大進化，在智能住居、智能交通、智能醫療、智能教育等等，於人們生活應用，展現最大震撼潛力！

隨著科技進程日新月異，人們文明已立足在前所未有的轉折點上，在這些變革中，「EAI」作為一個嶄新的領域，而「量子運算」（quantum computing）無疑是最具革命性的技術之一，使其處理極為複雜的運算問題展現驚人潛力，也正在一步步，深刻地改變著我們生活面向的點點滴滴。

量子運算屬多學科領域，包括數位科學、物理學、統計學、數學、硬體研究和應用程式開發等，其概念組成原理如下：

一、**量子疊加（quantum superposition）**：

原理基於利用量子位元來存儲和處理資訊，可同時處於多重狀態，而傳統數位採用二進位數。量子位元可以同時是0和1，且若任何組合即使不處於同一個空間，仍然可以即時互相影響，讓資料處理效率增加，驗算數值將相當驚人。

二、**量子糾纏（quantum entanglement）**：

遠距離信息同步的特性，多重相互關聯的量子現象，進行資訊即時共用，能夠相互纏繞形成聯結，且無論它們相距多遠，顯現量子力學非局部性及多重界線，使量子演算更快、更高效地解決問題。

三、**量子干涉（quantum interference）**：

當多重量子結合形成新樣態時，就會發生干涉效應，從而產生高效正確輸出的概率，而降低錯誤輸出的概率。透過操縱干涉模式，量子位元將快速透析潛在的解決方案，比傳統數位位元更超速地得出正確答案。

量子運算的產業應用項目，包括能源、交通、通訊、物聯、醫藥……，除此之外，透過量子運算層級進行高效模擬，對於金融投資運營、ＤＮＡ生技序列分析、分子或材料科學、天象氣候預測、網路程序安全等等，應用前景效益廣闊，縱橫跨領域面向，統合更完整的架構機制。量子運算的重大里程碑，象徵著跨時代的曙光乍現，未來結合ＥＡＩ運用，將引領世代一場場技術和產業的變革，成為科技發展的重要關鍵，為人們擴展前瞻驕傲的時代場域！

我們都出乎意料，往後看、向前行！新科技技術不斷向前邁進，然後不斷地與舊有形式磨合和接軌，在這過程，我們也確實不知不覺、不斷地投入新科技灌養中。同時，我們便依附在新科技媒體形式與訊息內容情境，各自產生不一樣變化，感官的、情感的、思惟的、認知的所有感受。我們會是使用媒介消費者，同時也是訊息內容產製者，而這也是新科技媒介形式與訊息內容的演進，最終會影響人們使用模式，進而造成不同社群重組、分割而不斷地架構和拆解。

新媒介並不會完全取代舊媒介，我們深入瞭解媒體特質與傳播型態，在各個當時所能觸及的脈絡，都各有其發揮進展，當然，也都有所限制。「我們用過去衡量未來，未來放在過去也才能衡量。」每一次跨階段進程，是朝更多元面向前進。「資訊」透過口語、文圖、印刷再到電訊傳輸，每一個階段都還是承載著過去型態，只是形式和內容更有所包容、涵蓋性，讓「知識」同時匯集出更前瞻想望，積累了各個群組聚落，擴展了社會文化脈絡，成就了地球村世界，未來還有ＥＡＩ生成、ＥＡＩ科技和ＥＡＩ介面運用，又將引領人們到達更無遠弗屆的廣大宇宙。

往後看、向前行，夏曼・藍波安出生在「Ponso-No-Tao」（意思是「人之島」），達悟人這麼稱謂，而「蘭嶼」是漢族名稱），年少時於都會工作、念書，在都會這段期間，每每回頭望盡是故鄉情，之後，決定回到故鄉人之島，他對於故鄉那種情懷，是站在族人源本濫觴裡。

待在大都會太久，似乎漸漸找不到回家路，身為人之島海的子民，在喧囂城市中總是回頭望，想望故鄉海洋；身為海洋之子的自己，似乎羽鰭已不斷地退化，猶如久離海洋的乾渴，已枯竭了心的蠢動。尤其在格格不入都會叢林，落寞、鬱傷，在塵封族人的自我認同裡掙扎，也在族人傳統脈絡式微中殘喘，往後看，似乎說著：「我要回家。」而這必然是唯一救贖的選項。

夏曼・藍波安是海洋文學家，他的底蘊，深受自己民族傳統詩歌影響，常將自身情感，投射在海洋細膩書寫裡。儘管是飛魚傳奇故事、族群和部落記憶、文化情懷及生活現實，海洋就是承載所有感受的養分，是他歸屬的家。他的創作是取之於源源不絕的海洋，是經由不斷體驗中實踐感悟，不是想像也不是虛構。他的文學作品是從具體真實生活中建構，在他詩意筆下，觀照海洋文化、傳統達悟族人對於海洋的體悟與智慧，以及部落面對種種衝擊悲喜，都是他創作的基本核心。

他說：「達悟族人就是海洋民族，對於海洋種種面向，都是漢人所不知道的。」他會繼續向海洋學習，學習它孕育自然大地的廣度，學習它賦予無窮、無盡資源的深度，繼續探尋它、敬愛它，繼續感恩它如此蘊含無限寶藏。

原住民受他者文明覆蓋，歷史呈現斑駁憂傷，在外島蘭嶼達悟族，時間刻痕裡的沉痾，渾濁得愁雲慘霧難以消散。夏曼・藍波安當年，有機會保送大學，卻選擇了拒絕，理由是：「難道原住民學生，只有保送才有機會上大學嗎？」

他往後看，不禁疑問：「漢人教育原住民的起心動念為何？是以高高在上的體系奉獻價值？是以高度文明的姿態感化部落？」在他眼裡，屬於族人真正驕傲，承襲族人文明正統，到底應該誰來教育啊?!或許，族人權力和能力式微，漸漸消散族人部落傳統蹤影，而身為人之島海的子民，人們對於海洋的談論，唯有險惡與災難、不理解海洋母威的認知，就足以證明人們對於海洋的忽視、不懂得謙卑於大自然……這似乎又讓他翻攪了深埋心海的交織。他總是往後看，望向牆上老相片，感受到他欲言又止地沉默，無奈糾結族人和自身能力，內心澎湃卻壓抑出平靜。他往後看，卻不知如何向前行。

往後看、向前行，吳念真是位知名度和曝光率極高，最會說故事且親切的「歐吉桑」。在電視頻道節目和廣告裡，都能聽見他的聲音、看到他的身影，他始終活力充沛地活躍於書寫創作、編劇劇作、導演電影及舞台劇，還有更多的是公益場合。自小在偏僻礦村長大，是一個物資缺乏的窮鄉僻壤，在這樣地方生活，首要條件是每個人都要有一雙矯健雙腿，因為，那是對外唯一的交通工具。

所有鄰居都是礦工家庭，礦工是風險很高的苦力工作，尤其當礦災頻傳，全村會終日籠罩在恐懼陰霾之下。往往，昨天向他們借醬油的叔叔，可能隔天就不復在。然而，在吳念真孩提時的心裡，糾結的不只是悲劇來去、親朋鄰居消逝，而是活著的人，也要有所變動或四散；本來一起打打鬧鬧的玩伴或同學，常因家裡變故，被帶往他鄉寄居，以調整糧秣供應，或被迫輟學去做童工，以撐起家計。

這樣的生活脈絡，讓吳念真在情感細節上有更細膩的底蘊，所以，在轉化文字書寫中，有更多情境觸動到人情、貼近到人心。或許是天賦、細膩且觀察入微，自小幫礦村鄰居們讀信、寫信，而現在撰寫的創作面向，已慢慢擴散到更遠、更廣的人們面前，一樣是在替別人寫信，只是寫給更多人看。

吳念真曾說：「創作，需放下知識分子的重量，輕輕將手捧起最自然的真實。」

「感動」就是共同生命經歷的共鳴，從周遭人、事、物，傾聽他們的故事，用同理心觸摸他們的人生，擷取最溫暖的記憶傳遞出去，轉譯成感人作品，綻放出最純粹的感動，這就是他不是風格的風格。

常常，難掩落寞或觸發對家人的思念，就會開車回到九

退進

份濃霧中；在蜿蜒的那條一〇二公路高處，從山崖俯瞰山下，被荒草淹沒的礦村故居，雖皆已不在，但隱隱約約，總覺得那時，在貧脊生活態度上得以顯見，貧窮卻有尊嚴，匱乏而不絕望。往後看、向前行，還歷歷在目，就是因為有過去孩提時的生活記憶與足跡，讓向前走的道路更加篤定、更有強固力量；將失去轉化成心靈的療傷與撫慰，變故與悲慟終將隨著時間昇華成長。

我們總是往後看，望向過去前進未來！

麥克魯漢透過「後視鏡」往後看、向前行！感受路途不斷切換的現在，或許，我們跳過「後視鏡」，而用更前瞻的「望遠鏡」，向前去眺望未來，會是什麼樣的光景呢？會不會因為沒有過往嘔心瀝血的連結、沒有過去深刻記憶的支撐，是不是難以建構現在而展望未來？是不是會有前不著村後、不著店的茫然？會不會有路無可「退」，退無可「進」的迷惘呢？

科技媒介發展驅力全球，網際網路的演進，全球各自疆域區塊，因「去中心化」而形成地球村的一分子，相互盟約往來，而造就另一個中心化的凝聚。

然而此時，地球村正面臨極端氣候、戰事頻傳，科技端點之爭、經濟壁壘築牆、貿易關稅問題、地緣政治等等難解命題，所有挑戰，考驗著地球村村民的智慧。全球國際組織逐漸崩解，相關防疫衛福、經濟貿易、和平防禦等盟約組織，漸已形同虛設，已不復在，地球村正形塑「再去中心化」！

退進

倘若，「單極霸權」跂訾、恣縱妄為，驟然呼嘯而過，必定滿目瘡痍。揣以不確定端倪、譖愬攻防，促使全球氛圍緊張，徒增各自極端傾向蔓延，損他自傷參半。

我們會被這浪潮推向何處？去往何地？再去中心化的地球村，已不止在我們思惟範圍，人們必須承受的距離，是跨越地球村的所有光年。所以，可以信誓旦旦說：「將離開地球表面的前瞻，隨行於地球村以外的上空，尋求一處容身處所；然而，跳離地球村，是悲是喜，只是一個按鍵的距離。」

倒著放映科技演進歷史軌跡，一幕幕倒著走，回放並聚焦到工業萌芽時期的技術發展，方能看得清楚，影響人們進展經歷的漫長過程。像藝術家創作畫作，是從「無」到「有」，看畫的人總是看到最後完成的成果，而不是從「有」到「無」，也或許是似有非無、似無非有……若倒著縮時放映，回溯過程，從後面往前畫，也就是從「現在」構畫到「過去」，這一來一往，我們方能看到藝術家巧思過程的驚豔與精彩。

麥克魯漢為哲學藝術家，他說：「我們透過『後視鏡』看現在，我們用後退的方式走入未來。」

往後看、向前行！

第五章　「我們是媒介也是訊息，我們使用、也被使用。」

王偉忠 VS「熱媒體、冷媒體」理論／麥克魯漢（Marshall McLuhan）

科技網際迭代，更像史前部落人類。

沉浸式感官情境，足以使人無法抽離、無涉方式識讀媒介。

閱聽眾使用媒介，是擁有主動性權力。

己從類比線性思惟，轉換成跳躍擴散性的數位思惟。

媒介傳播效果從「有限效果」，

轉變為「無限效果」。

「冷熱」猶如「黑白」，沒有絕對值。

「我們是媒介也是訊息，我們使用、也被使用。」

在新頻道電視台開播不久，一天，祕書匆忙地跑到我面前：「偉忠哥在剪接室找您過去一下……」通常電視圈綜藝教父找你，好事似乎比較少些，懷著忐忑與不安的心情前往。

在暗黑剪接室，螢幕隨著畫面跳動，微微地在偉忠哥背影周圍泛著光暈：「偉忠哥您找我……」隨著泛光的偉忠哥緩緩地轉身，感覺冷冷肅穆地說：「這夢幻明星籃球隊的專案製作人是你？」

「報告偉忠哥，是的……」說時遲，那時快，一陣刀光劍影撲嘯而來，斥喝道：「怎搞成這樣?!到底是怎回事！搞什麼?!這兩隊投籃拍出來都不知道投在哪一邊！觀眾能知道到底哪隊得分嗎?!」氣急又敗壞，讓我不敢正眼看他。

電影或戲劇和節目在攝影設置及調度時，在空間位置關係上有一基本指導原則，就是「一八〇度軸線規則」。所謂一八〇度軸線，就是指被拍攝對象的站位方向、視線方向、運動方向和相對位置之間關係，所形成的一條虛擬假想軸線。為了確保被拍攝對象，在螢幕畫面空間中正確位置和方向，形成畫面空間統一感，構成視覺方位系統，一致性的基本條件，這是在執行攝影機設置調度時，必須遵守的基本原則，就是「一八〇度軸線規則」。

軸線一旦建立之後，就必須決定在軸線內一邊放置攝影機，將攝影機設置調度保持在軸線同一側，這樣，被拍攝對象站左或站右，觀眾視角就不會錯亂，那麼不論攝影機高低俯仰如何變化、鏡頭運動如何複雜，不管拍攝多少鏡頭，從畫面來看，被攝主體相對位置就是一致的，螢幕所呈現空間關係也一致，讓螢幕前觀眾觀看時清楚有序。

偉忠哥銳利眼神再度殺過來，冷冷又暗灰的剪接室，忽地，稍燥熱了起來。我坦言：「這……這是攝影工程部武哥現場設定的攝製位置……」

「叫他過來！」

「是……」奔跑中更是忐忑。

武哥來時見狀隨即回覆：「這明星籃球隊比賽就是以娛樂為主……」他不以為意地說著。

「電視前觀眾能看得懂哪隊進球嗎？」偉忠哥敲了敲螢幕，狠戾地說。

武哥試圖反駁：「這是娛樂效果……」說時遲，那時快，偉忠哥忽地拍桌站起來：「你到底在說什麼冷笑話？這樣觀眾看得懂？這樣可以增加收視率？這樣可以「炒『**熱媒體**』電視新頻道嗎?!」

「**熱媒體**、冷媒體」理論（Medium Hot、Medium

Cool），這也是麥克魯漢的重要論述，他的著作與思惟，總在議論紛紛中，有如詩般隱約、如哲學般博大、也如玄學般可預知未來，這樣不按傳統邏輯的隱喻式寫作，以及近乎預言般說辭，像是在原始年代論述科技太空時代的進展，似乎讓人感到荒謬、震撼，大過於明白與理解；當時，在學界引起騷動，令人非議且爭論著。而熱媒體和冷媒體對比性，是他極度被爭議的觀點，是名氣最響、誤解最多，但也是直接辨識媒體相對性，且直率貼近人們感官的最佳論述。

將「熱媒體與冷媒體」進行分析，包括口語、書寫、印刷、漫畫、汽車、輪子、照片、電話、新聞報業、廣告、賽事、電影、廣播、電視等等，麥克魯漢都視它們為特定媒體形式，認為這些媒體形式，形塑了人們社會意識，使我們生活日常、自我感官、思惟內容、交流與溝通產生變化，承載了特定的訊息內容。

熱媒體有「阻抗性」，例如：電影、演講、收音機等等。熱媒體是以「高解析度」方式感受媒體，讓閱聽眾「參與程度低」及「填補性低」。電影或廣播，麥克魯漢皆視為熱媒體，是一種展現豔麗、高亢，朝著閱聽眾感官迎面而來，難以進入參與或填補內容完整，也如同相片，是高解析度，由於相片內容完全呈現了所有想像，不需閱聽眾高度參與和填補。

冷媒體有「包容性」，例如：電視、象形文字、座談會等等。麥克魯漢指出，冷媒體是以「低解析度」觀感，讓閱聽眾感受媒體本質，閱聽眾「參與程度高」及「填補性高」，是以較為可親近卻較模糊方式，引領我們進入其中，易於參與和填補，可讓互動性往來密切。就像當時單調線條簡易的卡通，麥克魯漢視為是低解析度，也就是冷媒體，因為那約略線條輪廓，只提供少量視覺數據，需要觀看者自行填補，以完成色彩和影像。

不同媒體形式作用於閱聽眾，其影響有所不同，而引起心理象徵和態度行為反應，也各有所不同。「熱媒體」搭載了比較完整訊息內容，通常會與教條組織、宗教信仰等議題相關，指向資訊密集的媒體，就好像當我們觀看新聞頻道時，通常會直接且具體意識到特定的議題傾向，或者直接瞭解受訪者對於議題的評論方向，閱聽眾不需要經過太多思考或轉化，就能很明白接收到所要傳遞的訊息內容。相對而言，娛樂性電視節目並非提供完整資訊，而是線性的參與節目過程，互動中彼此填補了訊息內容，因此被麥克魯漢視為「冷媒體」範疇。

麥克魯漢分析人類傳播工具演進，認為可區分四個時期

一、「口頭傳播」（oral communication）：以口語傳播為主，著重於人們感官，在眼、耳、鼻、口直覺感受，屬於本能性意識知覺。

二、「手寫傳播」（writing communication）：文字和圖案的出現，使口語轉化成視覺符號來理解事物。

三、「印刷傳播」（printing communication）：以活字排版印刷為主，知識傳遞方式，獲得前所未有的進展。

四、「電子傳播」（electrical communication）：由於廣播、電視特性，人們再度經由感官感受；聆聽、觀看方式，高度參與並認識外部世界。

依麥克魯漢論述，人類是會製造工具的靈長類動物，工具就是身體、感官的延伸，「媒體」工具是「創造人類身體或感官延伸的任何技術」。

電話是口的延伸、電視是視覺的延伸、廣播是耳朵的延伸、輪子是腳的延伸、衣服是皮膚的延伸、電子線路是中樞神經系統的延伸、網際網路科技是我們生活面向的無限延伸，這是麥克魯漢對於知覺感官的論述。人們知覺感官的延伸，將改變腦力思惟方向、也改變行為和行動方向，也就改變人們對世界感知方向，這是舉足輕重真實象徵，占領了人們生活感官所有延伸，我們不可不重視！

六〇年代，全球網際網路概念並未發達，但麥克魯漢的論述，準確地預視到，今天我們面臨的新世界，特別是資訊爆炸的網路群組，像抖音、Facebook、Instagram、Threads、

LINE、YouTube等各種社群平台，巨量訊息堆疊，即以證明媒體所搭載訊息內容，無遠弗界；如中樞神經系統般放射並串聯，深入我們皮膚、血管、腦和心智。如此這般，將架構組織大大小小群體，然後再細胞分裂，擴散並匯集成不同組成意識，聚落出各個不同團體和社會群體，成就了每個差異化的社會文化樣貌。

麥克魯漢當時就已經一語道破，未來科技時代媒介之特性；媒介就像我們感官的延伸，延伸了我們中樞神經系統，延伸了我們感知範圍，因而像是擁有千里眼、順風耳一般，我們得以打破時間、空間藩籬界線，可同步與遠方世界溝通。科技加速了媒體資訊流通，把世界縮成村莊大小，彷彿讓我們再度回到，以感官感受的知覺時期。

滿富科技創新構成，網際網路脈絡，極為貼近人們感官感受，可同時類比人類知覺感官延伸，恍如回到「口語文化」時期，屬於本能性意識知覺，著重於人們感官，在眼、耳、鼻、口直覺感受，試圖於感官協調平衡過程，以知覺相傳來感知世界。形式上等同於位移概念，而不同的只是在充滿訊息內容場域，重新形塑當代的生活文化和社會脈絡。

科技網際迭代，與五百年前的印刷世代相比，雖有著差異化知覺感官平衡，但更像史前部落人類，互相取暖、親密接觸。在物以類聚之下，所得到任何資訊，都將照單全收，因為這裡有相濡以沫；互相取暖，專屬於同溫層的撫慰。

而且，基於網際網路本身特性，閱聽眾的集體參與，有著沉浸式感官情境，足以使人無法抽離、無涉方式識讀媒介，所以，常常缺乏理性思考，而過度偏執於一方。

麥克魯漢從傳播媒介，延續發展思考出發，當時預見了未來世界將是一個沒有邊際、天涯若比鄰，跳脫藩籬、跨越自身疆域的網際網路世界，先各自去中心化形成「地球村」，再啟全球同盟組織中心化凝聚，創建圓周更廣、更大的圓心規格。但是殊不知，此時地球村正面臨極端氣候、戰事頻傳，科技端點之爭、經濟壁壘築牆、貿易關稅問題、地緣政治等等難解命題，整個地球村正形塑「再去中心化」！

六〇年代麥克魯漢時期，與現代的生活環境與媒體形式皆不相同，在某些內容與定義上似乎難以比較和界定。但是，麥克魯漢在此關鍵的思惟論述，至關重要，一切在於讓我們進一步釐清、辨讀媒介形式，並認知媒體訊息內容之相關趨向與背後意義。

終究，因著傳播科技迭代升級，在時間和空間的轉換，會呈現不同相對性。「熱媒體與冷媒體」對比性是變動的，環境場域和時空不同，就存在其矛盾與謬誤。冷、熱，是一個相對概念，在變動進程中，沒有絕對值。猶如，「先有雞還是先有蛋」議論般，誠然是連接而不可分的脈絡。

比起電影，電視是低解析度。麥克魯漢時期，電視是碎片化、間斷式的內容，需要觀眾自行參與理解其中。但是當今節目製作，已屬精良滿富視覺影音，參與性和填補性不高。所以，我們此時可以說「電視是低解析度」嗎？

同樣，比起網路，書本自然是高解析度。但是一本書，閱

讀的人沒有參與其中、填補閱讀的個人想像；沒有經過消化回饋、獲得思惟認知，那書就只是放諸高閣的硬體。你希望一本書是高解析度嗎？

「熱媒體與冷媒體」是當時創意思惟，本質非一成不變，是更涉入？還是更支離？端看環境場域相對性與媒體之間的時空對比性。或許，「硬媒體與軟媒體」、「黑媒體與白媒體」等創意概念各自立論、各自解讀，也許是論述延伸發展的可能方向。

現在「手機」是網路、電話、電腦、遊戲機、相機、電視的綜合載體，這樣的媒體將會形塑如何的社會形式？這樣的媒體將會構成如何的訊息內容？在麥克魯漢的思惟，這都是接近極地零度的冷媒體。「低解析度」、「高參與度」、「高填補性」，如此之媒體形式，究竟會造就何等的訊息內容？其實，我們在這浪頭上是不得而知了。

夢幻明星籃球隊成員明星雲集，在當時重磅登場。李宗盛、庾澄慶、趙傳、蘇有朋、曹啟泰、曾國城、金城武等等，數十位以公益性質共襄盛舉。此活動轉播，是「比賽」？是「娛樂」？還是「娛樂性的比賽」？攝影鏡頭設置調度位置，是概括媒體訊息內容取捨關鍵？是的，比賽和娛樂，在麥克魯漢眼裡都屬於冷媒體，需要高度的參與、需要高度的填補所有期待和想像。雖然公益娛樂性質較高，但是電視比賽是專業轉播觀看形式，娛樂性是觀者的附加價值。

本職學能基本專業，需遵守一八〇度軸線規則，若不遵守，就是「越軸」。若是將娛樂性比賽，以「娛樂」為重點，不遵守一八〇度的軸線規則，而越軸，那就突顯了創新娛樂性鏡頭效果，著重的就不是各隊投籃得分競賽規則。當有意違反該規則，來達成想要效果時，要確實知道這是有意義的作為。

只要越軸，越過一八〇度線時，就意味著你打破限制規則，並向觀眾釋放出一種錯亂觀影訊號。這規則對於戲劇對話場景至關重要，在運動比賽場景中同樣至關重要。越軸，會讓觀眾的觀感迷失空間感和位置感，空間位置因此可能變得混淆，下意識無法感受到空間、相對位置的一致性，會產生迷失方向和相對位置分散混亂的結果，如此，觀眾所看到的會是難以組合的位置鏡頭，就像一幅不完整拼圖。

當然，規矩是可以打破，「越軸」是可以接受，有很多電影、戲劇等影視表現這樣意識形態的相對手法，主要是因為想表現差異化錯亂、意識感官的混淆，是刻意營造一種不確定感。但是，若由於疏忽而違反該規則時，那就會出現大問題。無論你遵守規則與否，當你做出決定後，是好是壞，就交由觀眾來評判了。

導演基本功課裡，關於攝影鏡頭調度和鏡頭語言，是至關重要一環。各種不同的攝影拍攝角度，將呈現不同的敘事或情緒訊息，是建構影像敘事、傳達視覺情感關鍵，運用鏡頭語言結構，就如同掌握、開啟影像視覺世界大門鑰匙，透過精準的構圖和巧妙的運用，鏡頭能將抽象的概念具體化，將影像視覺畫面賦予生命，引領閱聽眾從媒體，進入訊息內容最深處。

俯角（high angles）是將攝影機架設在演員眼睛以上位置，讓觀眾俯視演員，俯角鏡頭傳達軟弱、消極、無力，通常也會產生一種自卑感；仰角（low angles）是把攝影機架設於演員視線下方，讓觀眾仰望演員，仰角鏡頭常用來表現仰望、自信、權威、控制或者是引起敬畏和恐懼感。

是的，鏡頭設定位置，就足以呈現訊息內容方向、引導受眾關注訊息內容感官感受，在往返重複灌輸下；潛移默化中，也將會漸漸改變，閱聽眾思惟和行為模式。若此，茲事體大，視覺影音、虛擬實境、ＡＩ生成……此等科技網路媒體，正一步步重新形塑既有思惟模式，也將徹底改變我們生活面向。

相信很多人都知道，電視內容都是錄製的，如果是十分鐘的戲劇橋段，需要花多少時間排練？需要重複多少次的對白？

需要錄製幾次才會合乎需求？當觀眾在電視機前，看似巧妙的戲劇安排，是不斷重複校正過後的結果，就連現場感的掌聲或笑聲，都是經過排練，或者是經過後製，罐頭式複製貼上的聲音效果。

「媒體」、「演員」、「編劇」、「導演」、「觀眾」這五者的立場，是何等連帶關係？這樣連結關係，我們似乎無時無刻，皆身處於一而再、再而三經過重複排練過程的共同建構體系裡，選擇收視與觀看；於是乎，易形成同層化的價值觀和意識形態，是「共構結構」的生成，這樣的「真實」，我們會照單全收？還是審視觀察，接受或拒絕所有媒介傳播的訊息和內容？

閱聽眾使用媒介，是擁有主動性權力。但關鍵性意義在於是否能夠強化反思內涵，能夠思惟辯證、判斷推衍；辨別識讀媒介，所帶來的種種訊息內容。那到底我們要如何瞭解媒介、認識媒介，對於媒介傳播識讀與素養如何彰顯？也是我們在這個年代重要課題。

「媒體即訊息」也是麥克魯漢的重要觀點，闡述媒體形式決定傳播訊息內容，強調媒體形式意義的重要性，遠大於我們加諸該媒體的訊息內容，猶如電視和網際網路媒體。電視是單向、網際網路是雙向，各自所呈現之訊息內容意義並非相同，而電視和網際網路媒體形式意義的不同，遠超過訊息內容的意義。

麥克魯漢曾經有過這樣的假設：「如果媒體是竊賊、閱聽眾是守門狗，而媒體訊息內容是美味肉塊，竊賊為了要轉移狗的注意，將肉扔給了狗；然而，狗卻只看到美味肉塊，而忽略了竊賊。」其涵義為，我們常常關注的是訊息內容，而忽略了媒體形式意義。麥克魯漢主張，暫且不去聽聞媒體傳遞的訊息內容，因為媒體形式意義的延伸及進展，會讓原有模式重組、時空會產生變化、感官生活會形塑不同面貌，其重要性勝過訊息內容。就像鐵軌不只承載火車、載運貨物、人們乘坐的這些既有內容，而是延伸人們遠距視野、帶領大家跨越新都市脈絡、提升你我更高更遠的想望。

媒體科技進程，新技術和新通路傳播工具的演進，吸納過去媒體特性而有所進展，傳統媒體是人體延伸，而新媒體是人類神經系統的擴充。新媒體改變人們感官感受平衡，也改變思想和行為，以及感知世界的方式，影響自身心理和社會群體，也帶來社會變革力量。但是往往，我們太過專注媒體訊息內容，而忽略了媒體本身對人們的影響。換句話說，麥克魯漢認為注意力應從訊息內容轉移到媒體形式意義，莫過度聚焦在媒體訊息內容上。

網際網路誕生起源，是從國防軍事項目開始，而現代傳播科技迅速發展，傳播媒體進展更加多元，未來，將會帶我們往何處去？從媒體形式的演進，讓人們產生了哪些變化？它們又是怎樣改變、重塑著人們閱聽慣性、思惟模式甚至行為模式？網際網路誕生前後，不同媒介形式對人們思惟的影響，已從類比線性思惟，轉換成跳躍擴散性的數位思惟。

傳播科技進展的驅力，就現在看來，新媒體的誕生並沒有完全切割、拋開舊媒體，新媒體涵蓋了舊媒體的形式和內容，然後繼續向前邁進。媒介對於人們生活型態、整體社會文化影響甚鉅，似乎每分每秒的生活面向都不能沒有它。這將會改變人們思惟模式，改變社會群組，也改變世界結構型態。以目前資訊超載量來說，「一日千里」早已不足以形容進步快速，現在一秒就可以把資訊傳遍整個地球。

麥克魯漢觀察傳播科技，延伸到人們生活，所產生的感官感受、環境空間、科技型態種種改變，說明媒介傳播對於閱聽眾影響，舉足輕重，意義非常深遠。將他所言對應到當下，還真是靈光乍現般，如乘坐時光隧道，再次點燃了火苗，點亮暴衝在網路科技中思惟的種子，並且附和或省思其中的枝微末節，我們是用什麼規律？什麼規則和什麼尺度？什麼態度來理解媒體的形式和訊息內容？他的真知灼見，對於當今的媒介環境，固然喋喋不休、辯證不止，但我們應該揭示：「媒介影響我們一點一滴，如針注入滲透我們身體感官的影響，並一步一步泛化在我們生活周遭的牽動。」媒介傳播效果論的進展，若真的再從「有限效果」，轉變為「無限效果」，這樣便說明了，媒介傳播體系，對於閱聽眾的重要性更別具意義。

網際網路浪潮，呼嘯而來，馳騁進展快速，已難以阻擋。現代新媒介、網路平台和各種社群網站，是不是一個中介平衡立場？還是有所目的導向？當人們為了訊息內容爭論不休，或者相互排擠，除了表達自己存在感之外，也象徵自我價值意義。媒介本身立場與責任，及媒體守門工作人員觀點意識，都影響閱聽眾對傳播訊息內容的選取與認知，而此刻，我們要揭露的不只是訊息內容，是媒介環境積累何等思惟？如何構成制約和依賴？形塑何種社群文化？我們似乎不能置身事外。

在當今媒介中立平衡性與道德目的評價，早已式微崩解，我們對此無需爭辯，只需理解認知——媒介要帶給我們什麼訊息？要想改變我們什麼？要帶往我們去哪裡？我們是否迷失在媒介所形塑浪潮中？我們是否沉浸在媒介所營造迷夢當中？我們必須認知「媒體」、理解「訊息內容」。尤其，在當今網路爆發訊息中，相關詐騙話術或錯誤紛雜訊息琳瑯滿目，或許有人可以解讀並檢視，但是，變化多端，詐騙更為猖獗，運用媒體和訊息內容手法也更精進，若不加思索，很容易誤入陷阱，處處難防，不得不慎。

「夢幻明星籃球賽」轉播，是「比賽」？是「娛樂」？還是「娛樂性的比賽」？「熱媒體與冷媒體」對比，孰冷？孰熱？還是冷熱同體？畢竟茲事體大，這樣的定義和共識，會形

塑不同訊息內容，同時也將造就其相對可能性。媒介應有角色立場和責任，在執行者與媒介守門員認知上，皆會影響媒介傳播訊息內容真相，是掌控媒體訊息內容脈絡、也是關乎媒介影響閱聽眾，觀看核心價值的重要關鍵所在。縱然，是一場富含娛樂、趣味性質的運動比賽，也能觀察媒介所要傳達訊息內容的可能性端倪。

「冷熱」猶如「黑白」，沒有絕對值，是存在對立兩端的相對性，衡量尺度認知，探測價值所在，體驗它的溫度、感受它的分明，咀嚼消化它所帶來物理性和化學性種種反應。

過去，人們坐在電視機前觀看電視的形式，簡單來說，是一種被動接收的過程，人們打開電視，接收節目、訊息內容，不管滿不滿意，人們沒有回饋的餘地，然而網際網路的發展，使得情況有極大的改觀，人們可以主動選擇想要閱覽的節目、訊息內容。在網際網路繽紛的世界裡，閱聽受眾從單向接收，變成可以主動的雙向回應，往往能化被動為主動。所以，我們是使用媒介消費者，同時也是媒介訊息內容產製者。

如今，我們是媒介也是訊息，我們使用、也被使用。

第六章　「其實，沉默就是最大的聲量。」

金城武 VS「沉默螺旋」理論／諾爾－紐曼（E. Noelle-Neumann）

這年代的規格，不一定是，說話最大聲之人定義的。

他，如白紙一般淨染無痕，沉默。他，到底是誰呢？

藝人，就是異於常人。

言論和立場凝聚大者恆大多數同溫層。

害怕被孤立，終將少數意見推入沉默漩渦之中。

若形成「反沉默螺旋」，無需訝異。

「沉默」，會是最大「正能量」！沉默，也是勇者！

幕後奇蹟劇本

藝人，就是異於常人。但是，很難想像「他」除了異於常人也異於藝人。雖身在演藝圈，卻冷靜得令人難以捉摸，他沒有新聞八卦、沒有直播訊息、沒有一絲一毫音訊，似乎聽不到也感受不到他的呼吸……讓人感到夢幻、迷惘。他的訊息如白紙一般沉默。

一貫低調有如隱士。雖然，劍很少出鞘，但一出鞘即所向披靡。一向從容地選擇劇本，影視露出不著急量產，而一線地位始終不墜，有他的電影、廣告等所有作品，都是叫好又叫座。身上一種罕見與世無爭且內斂的神祕氣質，外界對於他的任何評價，他似乎都可以置身事外、可以一無所知，猶如事不關己。他，不享受明星樣式，不虛榮粉絲掌聲和追捧；他，如隱居般幾乎深居簡出，如白紙一般淨染無痕。他，到底是誰呢？

當時，新頻道電視媒體開播不久的某天，我被指定授予一項任務工作，製作統籌一位剛出道新人的宣傳活動專案。當時，我拖著整夜在剪接室未眠的步伐來到會議室，拉出座位一坐，睡眼惺忪，萎靡地抬頭張開眼睛，一驚！一身白色，恍如散發著光芒的白馬王子。他，就是「金城武」。

他總是透露著天真靦腆且稚嫩的自然帥氣。我起初想閒話家常，試圖從中了解他的內在性格、才華及言談應對反應，好為他量身訂做宣傳計畫，但是，他只回答：「是」、「對」等單一回應，省話省得話不多三句，對談間，慢慢總是轉為沉默……

一身白，似乎也感受到他的想法、內心一樣白，或許，這就是最好塑造的可能性。

適逢年底期間，先行規劃製作電視頻道內部廣告形象，讓金城武參演露出聖誕節、跨年祝賀等等，應景的形象廣告影片，大量地在頻道內密集曝光。

除此，最主要的重頭戲，應當是策劃他二十歲生日專案活動。那時期，除了三台無線電視台，正逢有線衛星電視頻道陸續開播時期，當時媒體環境偏向保守，對於廣義宣傳性手法、製造聲量都明顯不足。所以，在允許可發揮想像、創意構思下，策劃製作一個宣傳主題為「金城武　仙履奇緣生日會」的二十歲成人禮活動。

以童話故事《仙履奇緣》為主軸發想改編，金城武將透過王子姿態現身，在宣告二十歲成人禮同時，精細特製大型冰雕「20」字樣，讓他敲槌擊破，破冰、狂賀！象徵跨越年少、已為成人的儀式。並且在活動當中，讓國王特別為他甄選公主，請金城武親自為所有公主試著穿套上玻璃鞋。

活動相當成功，現場各大報章雜誌記者和其他各電視台娛樂新聞，全數到齊共襄盛舉，現場熱鬧非凡，爭相邀請採訪。

主軸話題性讓推廣宣傳極大化，反映在隔日各大報章平面、電視版面，沒有一家獨漏，觀眾爭相觀看，並且延續話題，廣為談論和流傳。以致，這樣的主題性創意，在當時造成小題大作的最大效應。

這次的廣大迴響，使得更多人認識金城武，觀眾、粉絲人數更是直線上升，各地也紛紛自行成立「金城武粉絲後援會」。只要是金城武的活動，後面總是跟隨著眾多粉絲，甚至包計程車跟隨他的專屬保母車，到處跑場支持。

在此次格外風光且高聲量的宣傳活動之後，其他宣傳曝光活動亦陸續相爭取材模仿。這般「破冰」、「童話」的主題創意故事形式活動，漸漸成為藝人、特定人士之發表會和記者會等宣傳題材的運用方式。在那個年代，這種聲量大、活潑、故事主題配搭襯托的推廣宣傳手法，確實是絕無僅有的開創性創意，我與有榮焉。

如火如荼宣傳活動展開，金城武陸續有很多演出規劃和邀約，唱片、電影、戲劇等等。但是鏡頭前，他還是省話一哥。

某次接受記者簇擁採訪時，有人問：「你平常都是那麼少話嗎？」他頓了三秒靦腆地回答，在場記者都笑了，也讓現場觀眾意猶未盡，他說：「『沉默』是金！」

「沉默螺旋」理論（Spiral of Silence），是由德國傳播學者諾爾－紐曼（E. Noelle-Neumann, 1916-2010）提出，當人們發現自己想法與環境輿論多數不同時，會產生一種害怕被孤立與不被接納的心理因素，將會保持沉默狀態，甚至放棄自己原本的想法，只為尋求他人認同，而趨向多數主流意見的從眾行為，形成螺旋上升狀態效應。也就是說：「少數意見一方沉默，造成另一方多數意見增長趨勢，如此循迴往復，便形成多數意見一方；聲量越來越強大，而少數另一方，卻越來越沉默的螺旋效應過程。」

當某一個言論和立場凝聚成為意見主流，將會漸行擴大，並加劇了意見主流多數同溫層意識，這大者恆大多數的同溫層，在觀點上將會逐漸地掩蓋並弱化反面觀點；使得少數不同觀點，因為害怕被孤立或不被接納而動搖，甚至改變自己觀點或保持沉默。若多數同溫層繼續擴大、聲量越來越大，那更將少數意見推入沉默漩渦之中。

無遠弗屆的網際網路場域，我們會於各個不同所屬平台，看到不同言論和立場爭鋒相對，在某群組，總是會出現不同言論的人，一開始打得火熱、大肆辯論，互有攻防並言之鑿鑿；經過一番往來廝殺後，往往會看到這些反面意見的少數被多數群眾訊息言論攻擊，如蝗蟲過境般漫飛而來，無所不用其極，

加重謾罵和撻伐，然後這些少數意見，竟似踩到地雷般落荒而逃。這些反面意見少數聲音訊息就越來越小，然後人數也會越來越少，最終，看到他們完全沉默。

沉默螺旋現象背後，用以人們感知效應（Perceptual Effects）作為合理假設及解釋

一、感官能統合（Quasi-Statistical Organ）：人們可感知環境氛圍，感受群組輿論面向，以瞭解關鍵意見分配狀況。

二、鏡像能效應（Looking-Glass Effect）：人們的自我會附和社會群組期待，形成自我感知偏誤，而有配合主流意見等從眾行為。

人們總會高估自己的判辯能力，產生錯誤觀察而不自知。即使個人對於某種意見持贊成表述，如果大眾傳播媒介或關鍵意見領袖持反對意見，個人會錯誤以為這種反對意見是大多數人的想法。

總是在各個平台、群組間跳換，物以類聚地試探和摸索，不斷地駐足也不斷地遊走，探尋屬於自己的觀照。這樣跳換，來來去去、遊遊走走，形成不同區間的大眾與小眾平台或群組，有多數也有少數，而少數會慢慢縮減，多數會漸漸再增廣。讓人們只願意和多數同溫層靠攏，不再參與少數意見。如此，勢必造成資訊壟斷，訊息內容易被操控或失去議題平衡價值。

沉默螺旋理論，試圖讓媒介和閱聽眾認知並理解這個命題，是一個重要提示。讓我們了解，在網路數位科技馳騁千里

年代，處處是媒介也處處是訊息，在大者恆大的訊息脈絡，會弱化少數訊息的支撐。沉默螺旋效應使得我們於公共議題範疇看到不對等的資訊訊息、遇到不平等強迫性認知、感受到牽強受控機制，皆會影響社會群組和諧認知效果。在企業行銷推廣等領域，若用以假借多數人意見進行干擾，會驚見強迫推銷、詐騙行銷，讓你轉變選擇、誤入陷阱。

當在台上的主講人拿著麥克風舉手高喊：「對不對啊！」台下成百上千人舉手一起高喊：「對啊！」你是否也不敢獨漏，所以跟著舉手齊聲吶喊：「對啊！」呢？

現在「手機」是網路、電話、電腦、遊戲機、相機、電視等多媒體的綜合載體，這樣的媒介，將會構成如何的社群文化？究竟會傳遞如何的訊息內容？新媒介平台社群網路在互通脈絡中，若意見與多數人一致，會比較願意在群組發言表態。但若發現自己的觀點悖離主流，則往往在群組保持沉默，少數人一個接一個噤聲不語，雖然無關對錯，但誰都不想被貼標籤、被排擠。所以，當察覺議題意見風向和自己背道而馳時，就會大幅減少公開發聲的意願，進而保持沉默。

網際網路興起，模糊了大眾傳播和人際溝通，以往壁壘分明的形態，出現了多種留言、評論機制，讓網友們既可聊天互動，又能直接針砭時事。所以，在產生觀點和立場之前，如何進行正反兩面、全盤了解與平衡，才不會被誤導，透過不同意見討論、檢視和觀察，理解議題的想法和考量，讓全面的理性進行判斷，才能搭建有效溝通橋梁，也將從中找到適合自己正

確的觀點和立場。

多元意見表達管道，是否有助於人們能無所顧慮地發表與多數人不同言論？進而減少沉默螺旋現象產生呢？這個研究也啟發進一步探討方向，值得繼續延伸研究的論述。

個人意見表達，是社會認知、自我價值存在的心理過程，總是期望從周遭環境中尋找支持，避免陷入孤立狀態。個人表達自己觀點之前，會先判斷周圍意見氣候為何。當發現自己屬於多數優勢意見時，人們更傾向於積極、大膽表達自己的觀點；但當發現自己屬於少數劣勢意見時，一般人就會屈服於環境壓力，而轉向沉默或附和。在這種情況下，在媒體上占據優勢意見；容易愈加突顯主流意識，但是，是否與真正民意有所差距？媒體主流意見是否非真正民意？倘若如此，「多數沉默」與「少數大聲量」將會形塑何等事態？我們可從案例觀察得到可能性端倪。

對於同性戀者基本權利，從同婚公投案例中，我們得以檢視並度量沉默螺旋誤差之可能性。

公投結果，同意票僅占不同意票約一半。反對同婚勝出的公投結果，讓人們驚覺，對於彩虹旗恣意飄揚，其實沒有想象中那麼包容。

公投之後，社群網上一片錯愕失敗，顯得諷刺，此意謂同婚須朝另立專法方向進行，而同志教育推行也將受阻。為何公投結果，相對於輿論聲浪，竟有翻轉性變化？「沉默螺旋」，在此議題卻形塑「反沉默螺旋」，我們對此現象，應得以測試與識讀。

「同婚」在公投前，各界紛紛發表挺同言論，聲浪席捲整個社群網路和媒體平台，其中雖有反同派陣營動員集結抗議，使得爭議聲浪頗大，但是卻被挺同派斥為不平等的歧視意見。「平權」似乎在輿論形成「正義正確」立場，各家媒體平台紛紛開設平權專題，對挺同婚陣營訴求和活動，做積極正面的報導，而對反同婚陣營卻多採取負面評價，以不可違背「正義」為標籤，否則就是歧視、挑撥，營造這股「挺同是主流意識」的浪潮。

看似主流的聲浪，讓持相反意見的人不敢多言，反同派只能藉助小眾媒體來發布動態，在一般大眾媒體平台就鮮見蹤影，反同派似乎成為弱勢小眾，在群組平台、多數輿論幾乎失利，同婚派在大眾媒體的意識聲量，簡直是一面倒的態勢，儼然是沉默螺旋效應生效。

但是，將勝出狂歡慶賀時，殊不知最後結果，竟然令同婚派扼腕且大失所望。

事實上，同婚派和反同派相比，人數較為少，是為聲量與論頗大的少數。如此，或許小眾的平權訴求，往往不是大多數人所追求目標，至此深感惋惜。

於輿論高地者，需謹慎面對思考；雖站在輿論至高一方，忽略了自己意見論述，占據廣大媒體背後真實原因，誤以為大眾媒體平台的輿論拉升，就是真正代表多數意見，以為正義屬於論述多數一方，而錯過了改變路線、贏得最後勝出的機會，

這也就是壓垮駱駝的最後一根稻草。

隨著科技網際迭代，其間歷經演進產生巨變，人們獲取訊息內容、思考觀念、意見論述的方式大相逕庭。數位新媒介平台，提供新的互動環境和更多討論溝通表達方式，往來充斥著訊息內容，在公開或非公開情境場合，端看個人與團體群組關係親疏，以及關鍵意見領袖影響力，擇優過濾正確、適合的訊息內容。但是，檢視過程實屬不易，要如何才能免於耽溺輿輪的洪流之中，都是至關重要的提示；否則，多數將主宰於少數的不對等尊重，或是少數的大聲量，被沉默多數凌駕的弔詭案例，都是失真、失控的結果。至於如何剖析「沉默螺旋」所產生的質量變化，檢視多數聲量的假象？若形成「反沉默螺旋」無需訝異，這的確是存在的事實，讓最終結果與目的，呈現利害關係的思考面向。

媒介訊息內容傳播過程，傳播效果的彰顯，需要被理解或應用的取捨手段，是媒介和群體受眾檢視、度量自身，在所處位置的相對刻度所必要的檢測與識讀。

沒錯，少數服從多數是絕對真理。只是，如何尊重「沉默」少數，是社會群體和諧關鍵原則。相對而言，反觀多數「沉默」和最大的聲量相比，沒想到竟也會是勝出的一方。

總是一體兩面，猶如「水能載舟，亦能覆舟」的道理。我們目的是將公共議題在公眾訊息傳遞進程中，順利推行任務，得以獲得最大多數公眾支持。同樣也讓企業公司行銷獲得廣大消費者青睞，進而獲得最大多數的銷售業績。

如今，從媒介消費者進階到人人可以是媒介產製者，這是可以利用網路訊息速爆的「自媒體」年代。更甚是，演藝圈訊息動態、八卦、話題曝光，都可在網路世界裡，讓光芒不褪色。

金城武天生低調，如此性格在娛樂圈著實不多見，算是娛樂圈「奇葩」。非電影宣傳、無廣告時期，幾乎看不到他半點消息，粉絲也很難看到關於他的任何新聞，他幾乎過著半隱居生活，直到今天，他仍不習慣明星般的型態。

有此一說：「只要是藝人，不管是好新聞或是壞新聞，只要有新聞，都是好新聞。」尤其在自媒體時代，可即時現場直播的平台群組，網路紅人、YouTuber、專家達人、名人名嘴、部落客……都可以隨時隨地傳送訊息給任何想看的人，無遠弗屆。

但是，儘管都聽聞不到他音訊，粉絲還是遙遙期盼他的一舉一動、一絲一毫相關的消息，金城武「沉默」確實是金！

「沉默是金」是金城武個人風格展現，也都是沉默關鍵少數，他展現個人獨特風采、展現自我獨創、展現自己無可取代之價值，從個人展現中找到契機、累積經歷與突破自我，不害怕孤立、不追求掌聲；內修長成、累積成就、積沙成塔，終有更多追尋者、粉絲，成為萬眾矚目焦點及頂峰地位，「沉默」，將會是最大「正能量」！

固然，在潛移默化中，我們沉默地探索，其實是內心裡最大的呼喚與吶喊，幾乎無人知曉，也不需他人過問、去尋覓自

身。最貼近自己的起、承、轉、合，要往何處去？去向何方？我們拿捏一線曙光，拉著走；拉到一片藍海淨土，我們會是沉默勇者！

這年代的規格，不是說話大聲之人定義的。發揮無窮「正能量」，沉默，也是勇者！

其實，沉默就是最大的聲量。

後語

自身、職場、演藝、媒介……地球村裡生活的種種面向，點點滴滴幻化莫測；浪潮此起彼落，各自處境與場域論述；峰迴路轉、抽絲剝繭之後，似乎還是有跡可循，有本可望。

量子時空，經典論述穿越時空，演藝圈「大咖」、理論「大師」在此相遇，幕後「有無」劇本？似「有」非「無」？竟處處是哲學、藝術，「有道理無劇本」，書寫跳躍，思惟幻動！

人們創造時代，時代考驗我們。在時事趨勢脈絡中可見端倪，我們將往何處去？唯有向後望，方能向前行！

最後，你是否也驚覺不經意的巧合，這辯證、論述的進程：「我」、「無懼」、「轉念」、「進退」、「黑白」、「正能量」，像極了人生。

幕後 有無 劇本

感謝「蒙太奇」，即以它的形式完成這本書。感謝家人。感謝教授同事朋友同學。感謝自我療癒。感恩！謝謝！若可，互通「有無」!!

domoremedia@yahoo.com.tw

附　錄　第一部曲「1/5000原慾交響曲」
影音／複合媒體

陳宏明 VS 藝種生態／弗洛伊德（Sigmund Freud）
＆達爾文（Charles Darwin）＆馬克思（Karl Marx）

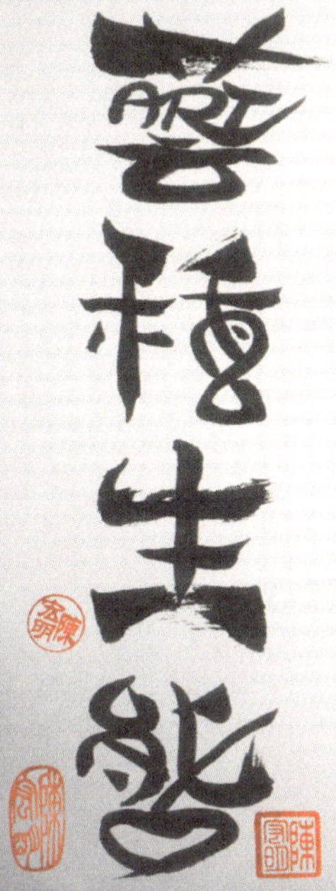

幕後奇無劇本

這本書起心動念於多年前，誠如這件藝術作品般，醞釀至少幾年時光才得以呈現。

創作，確實要有所本、有立論基礎支撐，讓創作作品有所依歸，才得以產出。參考文獻和歸納應用相關引經據典，才是創作源本，文字及藝術創作皆然。

此件藝術創作，初期空有想法和概念，卻一直遲遲找不到媒材、想不到應用媒體、尋不著可產出媒介，所以苦無創作時機。但，竟於一天事件當中，觸發創作本體、撥動創作架構，當下即萌發觸動創作時機，有如天雷勾動地火般一發不可收拾，進而完成創作。獲台北市立美術館入選台北藝術獎，並予邀請展出，包括於華山藝文特區CO2前衛文件展。

這張作品拍攝於華山藝文特區ＣＯ２前衛文件展，因地制宜，用不同方式呈現作品延外之音，有了二次創作的雀躍。

這件藝術創作作品是作者的第一部曲，而這本書是第三部曲。

第二十三屆台北美展 / CO2文件裝置展		

姓名	中	陳宏明 domoremedia@yahoo.com.tw
	英	Chen Hung-ming
作品名稱	中	1/5000 原慾交響曲
	英	1/5000 Symphony of Desire
展出形式		複合媒材文件裝置 & 多媒體數位影音製作裝置
		共同展出
媒材		當日報紙／報紙紙漿／電子電路板／冥紙／鳥巢等複合媒材文件 & 多媒體數位影音製作裝置

第二十三屆台北美展 / CO2文件裝置展		
影像（播放檔類型及長度）		多媒體數位影音製作裝置：3 分鐘（循環播出）
尺寸／數量		複合媒材文件裝置：尺寸 142×122CM（有框）
創作自述	中	〔作品創作說明〕 作品涵蓋以下三個關鍵： 一、人性慾望 二、權力與操控 三、媒介角色與觀察 〔創作概念及說明〕 追溯於亙古開天，人類踩著萬物之靈大步邁開，迎向未知蒼穹而來，從生命「原點」前前後後，我們發現與驚豔；在初始火花爆烈的同時「慾望」扮演何種神聖角色，而「情慾」和「權力慾」，於慾望中，細胞分裂而生，一直以來，糾葛著人們的演進，而它們的殊性來自於；可各自同時存在於「光明」與「黑暗」兩個內涵與外延面向。 「慾望」在「情慾」與「權力慾」的驅使，亦將伴隨著無限動能匯整而下，隨時以排山倒海之勢洶湧再現，這時，到底傳遞何等符碼與訊息?!終究，譜成的交響曲，過去一直存在，亦將於未來世代綿綿不絕。 〔創作參考文本／人物〕 一、弗洛伊德 二、達爾文 三、馬克思

新．座標47　PF0376

新銳文創
INDEPENDENT & UNIQUE

幕後「有無」劇本：

一位資深媒體人的跨領域實戰心法

作　　者　陳宏明
責任編輯　劉芮瑜
圖文排版　陳彥妏
封面設計　王嵩賀
圖片來源　Unsplash

出版策劃　新銳文創
法律顧問　毛國樑　律師
製作發行　秀威資訊科技股份有限公司
114 台北市內湖區瑞光路76巷65號1樓
電話：+886-2-2796-3638　傳真：+886-2-2796-1377
服務信箱：service@showwe.com.tw
http://www.showwe.com.tw
郵政劃撥　19563868　戶名：秀威資訊科技股份有限公司
展售門市　國家書店【松江門市】
104 台北市中山區松江路209號1樓
電話：+886-2-2518-0207　傳真：+886-2-2518-0778
網路訂購　秀威網路書店：https://store.showwe.tw
國家網路書店：https://www.govbooks.com.tw
經　　銷　聯合發行股份有限公司
231新北市新店區寶橋路235巷6弄6號4F
電話：+886-2-2917-8022　傳真：+886-2-2915-6275

出版日期　2025年9月　BOD一版
定　　價　380元

讀者回函卡

Printed in Taiwan

國家圖書館出版品預行編目

幕後「有無」劇本：一位資深媒體人的跨領域實戰心法 / 陳宏明著. -- 一版. -- 臺北市：新鋭文創, 2025.09
面；　公分. -- (新.座標；47)
BOD版
ISBN 978-626-7326-77-0(平裝)

1.CST: 大眾傳播　2.CST: 傳播產業　3.CST: 人格心理學

541.83　　114009900